GSA

Centro Federal de Información para el Público

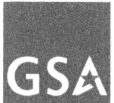

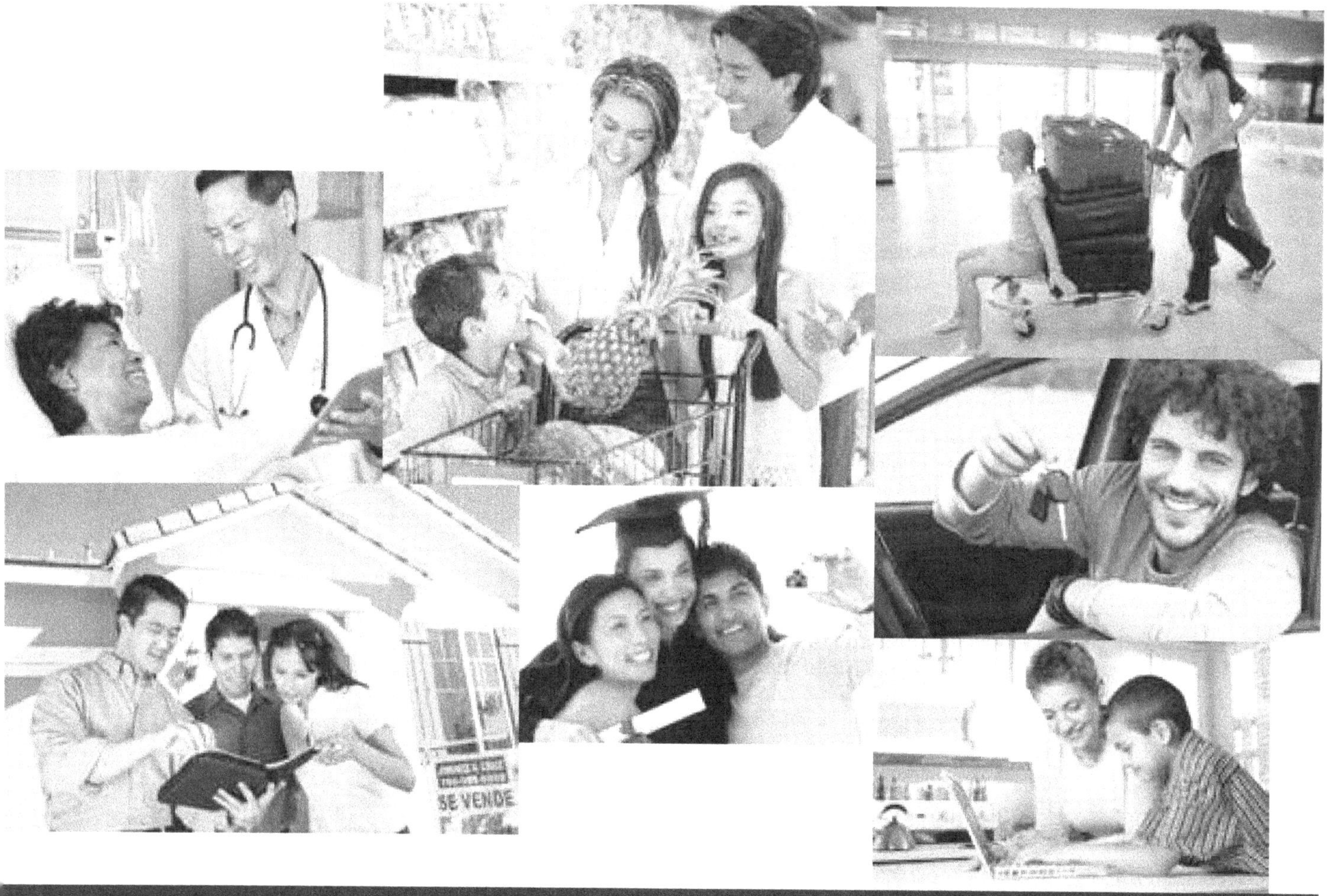

5ª EDICIÓN GUÍA DEL CONSUMIDOR

proteja a su familia

GobiernoUSA.gov
Información oficial en español

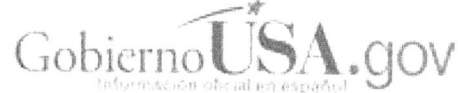

CONSEJOS PARA USAR ESTA GUÍA

CONSEJOS PARA USAR ESTA GUÍA

Esta guía está llena de consejos útiles que los consumidores pueden adoptar en su vida diaria, como prevenir el robo de identidad, cuidar su crédito y presentar una queja por escrito. Usted puede encontrar en GobiernoUSA.gov la información que aparece en esta guía. Todos los sitios web que aparecen en esta guía están en letras azules. Además, la información sobre nuevas formas de estafa está en recuadros con el título Alerta.

La información está organizada de la siguiente forma:

SECCIÓN 1

PROTECCIÓN AL CONSUMIDOR

Aquí encontrará consejos generales sobre la adquisición de bienes y servicios, así como explicaciones sobre sus derechos y responsabilidades como consumidor.

SECCIÓN 2

CÓMO PRESENTAR UNA QUEJA

Revise esta sección para encontrar sugerencias que lo ayudarán a resolver problemas sobre compras y servicios. En la pág. 67 encontrará un modelo de carta de queja que lo ayudará a presentar su caso por escrito.

SECCIÓN 3

RECURSOS DE INFORMACIÓN BÁSICA

Encuentre aquí un listado de recursos públicos para profesores, personas con discapacidad y familias militares.

SECCIÓN 4

DIRECTORIO DEL CONSUMIDOR

Esta sección incluye la información necesaria para poder contactarse con organizaciones para consumidores, agencias gubernamentales y otras fuentes de asistencia.

INFORMACIÓN OFICIAL EN SU IDIOMA

Las agencias federales y los programas de las agencias estatales que han sido financiados con fondos del Gobierno federal, tienen por ley que tomar medidas adecuadas para ayudar a las personas con conocimientos limitados del inglés (LEP, sigla en inglés).

Aunque algunas empresas del sector privado también ofrecen información en varios idiomas, otras no lo hacen. En estos casos, es recomendable que usted evite tomar decisiones importantes si no comprende claramente de qué se trata y NUNCA firme documentos que no entienda completamente.

CONSEJOS BÁSICOS

10 CONSEJOS BÁSICOS PARA EL CONSUMIDOR

Todo consumidor informado debe estar prevenido para no caer en negocios dudosos o estafas. Para proteger a su familia, evitar perder su dinero o ser víctima de fraudes, tenga en cuenta estos consejos:

1 **Desconfíe de un negocio que suena demasiado bueno para ser cierto.** Dentro de esta categoría se encuentran las promesas para solucionar sus problemas de crédito, las tarjetas de crédito con interés bajo, las ofertas que proponen saltarse pagos de las tarjetas de crédito, oportunidades comerciales o laborales, inversiones libres de riesgos y viajes gratuitos.

2 **Piénselo dos veces antes de compartir información personal con personas a las que no conoce o en las que no confía.** Proteja su privacidad y evite el uso no autorizado de su información personal.

3 **Tenga cuidado con los préstamos de devolución de impuestos y de días de pago.** Las tasas de interés de estos préstamos suelen ser excesivas. Incluso un adelanto de efectivo con altos intereses en una tarjeta de crédito puede ser una mejor opción.

4 **Lea y entienda cualquier contrato o documento legal antes de firmarlo.** No firme un documento con espacios en blanco o cuyos términos no están completos.

5 **Obtenga cotizaciones de varios contratistas antes de hacer mejoras en su hogar y reparaciones de autos.** Asegúrese que las cotizaciones son exactamente para los mismos servicios para que pueda hacer una comparación imparcial.

6 **Mire la pantalla de la caja registradora al hacer sus compras.** No dude en quejarse si piensa que se le ha cobrado algo de forma incorrecta.

7 **Antes de hacer una compra asegúrese de entender las políticas de cambio y devolución.** Tenga especial cuidado con los servicios y lugares que cobran un cargo mensual.

8 **No compre si está estresado.** También es recomendable evitar hacer compras importantes en periodos difíciles o emotivos.

9 **Cuando compre por Internet busque el ícono de candado o que el URL empiece con "https".** Así podrá estar seguro de que su información de pago será transmitida de forma segura.

10 **Si tiene dificultades para pagar sus préstamos o hipoteca, notifique de inmediato al prestamista.** De esta manera podrá elaborar un plan de pagos.

TABLA DE CONTENIDOS

SECCIÓN 1: Protección al consumidor.............. 2
Consejos generales para comprar 2
   Contratos de servicio y garantías extendidas 2
   Productos retirados del mercado por seguridad 3
   Consejos para comprar desde el hogar 3
   Sus derechos al comprar desde el hogar 3
   Después de comprar 5
Alimentos y nutrición 5
   Opciones de alimentos saludables 6
   Seguridad de los alimentos 6
   Ahorre dinero al comprar alimentos 6
   Alimentos orgánicos 7
Autos 7
   Cómo comprar un auto nuevo 7
   Cómo comprar un auto usado 8
   Comparación entre concesionarios y particulares... 8
   Financiamiento 9
   Alquiler y arrendamiento con derecho a compra 9
   Defectos de fábrica y garantías secretas 10
   Reparaciones de autos 11
   Embargo de vehículos 11
Banca personal 12
   Cuentas corrientes y de ahorro 12
   Tarjetas de débito o ATM 13
   Cheques y ofertas de crédito no solicitadas 13
   Tarjetas prepagadas 14
Crédito 15
   Tarjetas de crédito 15
   Informes y puntaje de crédito 17
   Manejo de deuda 18
   Préstamos 20
Educación 20
   Cómo financiar la educación superior 20
Electricidad, gas natural y agua 23
   Instalación de servicios públicos 23
   Facturación 23
Empleo 24
   Agencias de empleo 24
   Compañías de trabajo desde casa 24
   Desempleo 26
Inmigración y ciudadanía 26
   Consultores de inmigración fraudulentos 26
   Lotería de visas de diversificación 27
Inversiones 28
   Inversión por Internet 28
   Agentes y consejeros financieros 29
   Cómo invertir en oro y productos básicos 30
   Cómo planificar para la jubilación 31
Medio ambiente 31
   Compras ecológicas 32
   Reusar y reciclar 32
Proteja su privacidad 33
   Denuncie el robo de identidad 33
   Proteja su privacidad 33
   Privacidad financiera 34

   Privacidad médica 34
   Privacidad en Internet 35
Salud 35
   Cómo escoger un doctor 36
   Cómo elegir una institución de cuidado médico 36
   Medicamentos con receta médica 37
   Cobertura de Medicare para medicinas con
   receta médica 37
   Directivas médicas anticipadas 38
Seguros 39
   Seguro de autos 39
   Seguro de incapacidad laboral 40
   Seguro de salud 40
   Planes de seguro médico 41
   Seguro para propietarios de vivienda e inquilinos . 41
   Seguro de vida 42
   Atención médica a largo plazo 42
   Otros seguros 43
Telecomunicaciones 43
   Internet 43
   Teléfonos 46
   TV 49
Telemercadeo y el correo basura 50
   El Registro Nacional "No llame" 50
   Llamadas con mensajes pregrabados 51
   Llamadas de ventas 51
Testamentos y funerales 52
   Testamentos 52
   Funerales 53
   Cementerios para veteranos 54
Viajes 54
   Problemas con los viajes aéreos 55
   Cruceros 57
   Seguridad al viajar 58
Vivienda 58
   Cómo comprar una vivienda 58
   Cómo evitar la ejecución hipotecaria 60
   Compañías de mudanza 61
   Mejoras y reparaciones del hogar 61
   Contratos de arrendamiento o alquiler 62
SECCIÓN 2: Cómo presentar una queja 63
   Póngase en contacto con el vendedor 63
   Busque ayuda 63
   Programas de resolución de disputas 64
   Tribunal de demandas menores 64
   Ayuda e información legal 65
   Denuncie el fraude y los riesgos de seguridad 66
   Modelo de carta de queja 67
SECCIÓN 3: Recursos de información básica .. 68
   Preparación para emergencias 68
   Para personas con discapacidades 69
   Para el personal militar 69
SECCIÓN 4: Directorio del consumidor 72
Índice 81

SECCIÓN 1: PROTECCIÓN AL CONSUMIDOR

CONSEJOS GENERALES PARA COMPRAR

Para evitar problemas y tomar mejores decisiones, utilice esta lista ANTES de hacer una compra.

- Decida con anticipación qué desea exactamente y cuánto dinero puede gastar.
- Pida a sus familiares, amigos y personas de confianza que lo aconsejen. Busque información sobre el vendedor y el producto o servicio que desea comprar.
- Consulte los resultados de las evaluaciones del producto y otros datos proporcionados por los expertos en materia de consumo. Vea el "Recursos de información básica" en la Sección 3 (pág. 68).
- Obtenga cotizaciones de precios de distintos vendedores.
- Asegúrese de que el vendedor tenga todas las licencias apropiadas. Los médicos, abogados, contratistas de servicios de mejoras o remodelación del hogar y muchos otros proveedores de servicios deben estar registrados en una agencia local o estatal de concesión de licencias.
- Analice el registro de quejas sobre la compañía que le interesa en la oficina de protección al consumidor de su estado (pág. 79) y en la Oficina de Buenas Prácticas Comerciales (pág. 79).
- Obtenga una copia por escrito de las garantías y compare sus características.
- Familiarícese con las políticas de reembolso, devolución y cancelación del vendedor.
- Averigüe con quién debe comunicarse si tiene alguna pregunta o algún problema.
- Lea y entienda cualquier contrato o documento legal que tenga que firmar o tenga que aceptar en Internet (haciendo clic en "Acepto"). Asegúrese de que no haya espacios en blanco y que los términos no estén incompletos. Insista en que todos los beneficios adicionales que le prometen verbalmente sean puestos por escrito.

CONSEJOS BÁSICOS PARA EVITAR ESTAFAS

- **No comparta su información personal.** Desconfíe de cualquier persona que le pida su número de Seguro Social, número de tarjeta de crédito, número de cuenta bancaria, claves u otra información personal.
- **No se deje amedrentar.** Sospeche de cualquier persona que llame y pida que le dé o verifique información personal. Diga que no está interesado y cuelgue.
- **Verifique sus estados de cuentas.** Revise con cuidado los estados de cuenta del banco y tarjetas de crédito. Reporte de forma inmediata a la institución financiera cualquier transacción no autorizada por usted.
- **Use una trituradora de papel.** Rompa o triture las ofertas de crédito que recibe por correo, así como cualquier otro documento con información personal que descarte, tal como estados de cuenta o formularios de seguro.
- **Ignore los acercamientos no solicitados.** Desconfíe de cualquier tipo de mensaje no solicitado, incluyendo contratos u "ofertas válidas" por corto tiempo, ayuda técnica para reparar un producto, líneas de crédito que no necesita, loterías o "premios" que requieren su información personal o envío de dinero, "ayuda legal" de desconocidos para conseguir dinero a cambio de un pago por el servicio, entre otros.

Lea más sobre este tema y consejos para prevenir el robo de identidad (pág.33).

- Considere pagar con tarjeta de crédito. Si tiene algún problema, usted podrá disputar el cargo hecho a su tarjeta de crédito (pág. 17).
- No compre impulsivamente o bajo presión. Esto incluye las donaciones a instituciones benéficas.

CONTRATOS DE SERVICIO Y GARANTÍAS EXTENDIDAS

Los contratos de servicio o garantías extendidas alargan la garantía o promesa de que un producto seguirá funcionando bien. Por un costo adicional, los vendedores ofrecen estos contratos de servicio en el momento de la compra. Otras compañías también pueden tratar de venderle una garantía, inclusive haciendo llamadas presionándolo para que realice la compra. Algunas garantías extendidas ofrecen la misma cobertura de garantía que usted consigue automáticamente del fabricante o vendedor así que no justifican el costo adicional.

Haga estas preguntas antes de firmar uno de estos contratos:

- ¿Respalda el distribuidor, el fabricante o una compañía independiente este contrato de servicio?

CONSEJOS GENERALES PARA COMPRAR

- ¿Cómo se manejan las quejas? Pregunte quién hará el trabajo y dónde.
- ¿Qué sucede con la cobertura si el distribuidor o el administrador clausura el negocio?
- ¿Se necesita una autorización previa para los trabajos de reparación?
- ¿Existen algunas situaciones en las que se le puede negar la cobertura? Es posible que usted no cuente con protección contra el uso y desgaste normal del producto. Además, algunos fabricantes no cumplen con el contrato si usted no sigue sus recomendaciones con respecto a los mantenimientos de rutina.

PRODUCTOS RETIRADOS DEL MERCADO POR SEGURIDAD

Antes de comprar un producto de segunda mano asegúrese de que no ha sido retirado del mercado por razones de seguridad. En algunas ocasiones cuando un producto ha sido retirado del mercado se prohíbe su venta posterior, mientras que otras veces se les pide a los consumidores que lo devuelvan para ser reemplazado o reparado. A veces el vendedor ofrece un repuesto que reduce el peligro al utilizar el producto.

Tenga especial precaución si el producto que va a comprar es para un niño, ya sea una cuna, juguetes, ropa o joyas infantiles. Visite www.recalls.gov/spanish.html para encontrar la información que publican las agencias del Gobierno sobre productos, autos y alimentos que han sido retirados del mercado por afectar la salud de los consumidores.

CONSEJOS PARA COMPRAR DESDE EL HOGAR

Las entregas tardías, el envío de artículos equivocados o dañados y los cargos ocultos son algunas de las quejas más frecuentes de las personas que compran desde el hogar. Para evitar problemas y facilitar su solución, siga los consejos generales para comprar y además:

- **Desconfíe de las direcciones con apartados postales y de vendedores localizados en otros países.** Posteriormente podría ser difícil encontrar al vendedor para resolver el problema.
- **Infórmese sobre el precio total.** Asegúrese de que incluya todos los gastos: envío, seguro e impuestos. Los cupones y otros descuentos deben ser descontados como corresponde.
- **Asegúrese de lo que está comprando.** Preste atención a palabras tales como "renovado", "reacondicionado", "de liquidación" o "descontinuado".
- **El código de seguridad** en su tarjeta de crédito le ofrece mayor protección al hacer compras por Internet.
- **Mantenga un registro de su compra.** Anote cuál producto pidió, cuándo lo hizo, el precio y la forma de pago (cheque, giro postal, tarjeta de débito o crédito). Conserve también cualquier información que el vendedor le facilite, por ejemplo: la descripción del producto, la fecha de entrega, las políticas de cancelación y privacidad, las garantías y otros números de confirmación del pedido.
- **Lleve el control de su pedido.** Si este llega tarde, usted tiene derecho a anular su orden y exigir un reembolso.

SUS DERECHOS AL COMPRAR DESDE EL HOGAR

Cuando usted pide algo por correo, teléfono o Internet, la Comisión Federal de Comercio le exige a la compañía lo siguiente:

- Enviar el producto dentro del plazo acordado o, en caso de no haberse determinado una fecha de entrega específica, dentro de un plazo de 30 días a partir de la fecha en que recibieron su pedido.
- Notificarle si el envío no puede realizarse a tiempo y darle la posibilidad de esperar más tiempo u obtener el reembolso del dinero.
- Anular su pedido y devolverle el pago si no pueden cumplir con la nueva fecha de entrega, a menos que usted acepte otra demora.

Si usted anula el pedido, la empresa deberá reembolsarle el dinero dentro de los siete días siguientes. Si usted pagó con tarjeta de crédito, deberá recibir el reembolso de dinero a su cuenta en el próximo ciclo de facturación. La empresa no puede sustituirlo por un crédito de la tienda. Si al momento de realizar el pedido usted solicitó la apertura de una cuenta de crédito de la tienda, la empresa tiene 20 días adicionales para enviar el producto, a fin de disponer de tiempo para procesar su solicitud.

PRECIOS DINÁMICOS

No se sorprenda si el precio de un producto en Internet sube o baja de un día para el otro, inclusive en cuestión de horas. Esta práctica comercial es común en Internet para la venta de pasajes aéreos, reservaciones de hotel, boletos para conciertos y eventos deportivos. Las compañías que realizan estas transacciones por Internet ajustan los precios según va cambiando el inventario y el interés de los consumidores. También pueden tener en cuenta su historial de compra en ese sitio web o sus hábitos en Internet.

Para que los precios dinámicos sean una herramienta a su favor:

- Use un sitio web que le permita rastrear precios para encontrar las mejores ofertas.
- Consulte un sitio web que ofrezca una herramienta de previsión de precios para saber si se espera que suban o bajen.
- Elimine las cookies de su navegador de Internet para que nadie pueda usar su historial de exploración para ajustar precios.

CONSEJOS GENERALES PARA COMPRAR

SEPA QUÉ SON Y CÓMO EVITAR LOS "CARGOS GRISES"

La comodidad de los servicios por Internet ha generado un nuevo peligro para los dueños de tarjetas de créditos: los "cargos grises". A diferencia de los cargos escondidos que cobran abusivamente algunas tarjetas de crédito prepagadas, los cargos grises son cargos que el consumidor puede haber autorizado sin darse cuenta. En muchos casos los cargos son pequeños y, al menos que usted revise su estado de cuenta con detenimiento, puede pagarlos por meses sin darse cuenta. Estos son algunos de los cargos grises más comunes:

- Suscripciones no deseadas. Usted pensó que estaba autorizando un pago único, pero en realidad se trataba de una suscripción.
- Membresías interminables. Usted anuló una membresía, pero le siguen cobrando la cuota a la tarjeta.
- Pruebas no tan gratis. Usted probó un servicio gratis, pero al finalizar la prueba se convirtió en una suscripción pagada.
- Opción negativa. Usted compró un producto sin darse cuenta de que seguirá recibiendo y pagando por esa serie de productos al menos que decline explícitamente recibir más.

Para protegerse de los cargos grises tome las siguientes precauciones:

- Antes de pagar, lea los términos del servicio. La información sobre cargos adicionales puede estar escondida al final de un contrato, así que léalo entero.
- Marque en el calendario la fecha en la que concluyen los periodos de prueba gratis y asegúrese de anularlos antes de que le cobren por mantenerlos.
- Lea detalladamente los estados de cuenta de su tarjeta de crédito. Preste atención a los nombres de las compañías que le cobran cantidades pequeñas.
- Comuníquese con el comerciante para que anule los cargos gris.
- Dispute los cargos con la compañía emisora de la tarjeta de crédito.

Estas reglas de la Comisión Federal de Comercio solo se aplican al primer envío de suscripciones de revistas y otra mercadería que se envía de manera repetida. También pueden aplicarse leyes o reglamentos estatales. En caso de sospechar de alguna infracción, notifique a su oficina estatal o local de protección al consumidor y a la Comisión Federal de Comercio (pág. 73).

Periodo de reflexión de 3 días

Esta ley federal protege a los consumidores que han realizado compras de un vendedor a domicilio o que han comprado algo en un lugar temporal. De acuerdo a la Comisión Federal de Comercio, el periodo de reflexión de 3 días no se aplica en la compra de autos nuevos o en la compra de objetos por Internet. Solo se aplica cuando una compañía está vendiendo algo que cuesta $25 o más y ocurre fuera del local donde regularmente opera.

Para cumplir con la ley, el vendedor deberá informar al comprador de su derecho a anular la compra y recibir su reembolso en un plazo de tres días laborables.

Tenga en cuenta que hay situaciones en las que la regla del periodo de reflexión no es aplicable:

- Usted realizó la compra en su totalidad por correo o por teléfono.
- La venta fue el resultado de un contacto anterior con el vendedor en un local comercial permanente.
- Usted firmó un documento en el que renunciaba a su derecho a anular la compra.
- Su compra no está destinada principalmente para uso personal, familiar o doméstico.
- Usted compró bienes raíces, seguros, acciones o un vehículo.
- Usted no puede devolver el producto en las mismas condiciones en las que lo recibió.

Recuerde que si usted pagó con tarjeta de crédito y tiene problemas para obtener su reembolso, también puede disputar el cargo con su compañía de tarjeta de crédito, conforme a la Ley de Facturación Justa de Crédito. Lea también "Cómo disputar cargos" (pág. 17).

Compras por Internet

Además de la conveniencia de poder comprar desde la comodidad de su casa, los sitios web de compras por Internet suelen ofrecer grandes descuentos y una gran variedad de productos. Sin embargo, los consumidores deben tener el cuidado de tomar decisiones informadas sobre sus compras. Algunos consejos para comprar con seguridad por Internet:

- Limítese a comprar en sitios web que conoce o le han recomendado.
- Compare precios y ofertas, incluyendo si ofrecen el envío gratis, contratos de servicio extendido y cualquier descuento adicional.
- Busque cupones por Internet o códigos promocionales que le ofrezcan descuentos o el envío gratuito. Algunos sitios web también ofrecen cupones de descuento para las tiendas tradicionales.
- Obtenga una descripción completa del producto y las piezas incluidas, así como el precio, costo del envío, plazo de entrega, información de garantía, política de devolución y cómo se presenta una queja.
- Antes de finalizar el pedido, asegúrese de que tanto la cantidad como el precio total están correctos. Si por error digitó 11 en lugar de 1, puede terminar con más productos y gastando más de lo que era su intención.
- Pague con tarjeta de crédito para que la ley federal lo proteja si tiene que disputar los cargos. Esta protección

ALIMENTOS Y NUTRICIÓN

APROVECHE AL MÁXIMO SU COMPRA POR INTERNET

Siga los siguientes consejos para que su dinero rinda más al comprar en línea:

- Averigüe si el vendedor ofrece el envío gratis de su pedido si usted lo recibe en una sucursal cercana y no en su casa.
- Planifique sus compras con anticipación para poder pagar la tarifa de envío más baja y recibir su pedido a tiempo.
- Determine si su pedido o el monto de su compra califica para un descuento o envío gratis.
- Consulte un sitio web que ofrezca una herramienta de previsión de precios para saber si se espera que suban o bajen.
- Compare en diferentes sitios web el precio de un mismo producto.

Para más información sobre compras por Internet, visite www.consumidor.ftc.gov/articulos/s0020-compras-por-internet.

no se extiende a las tarjetas de débito, cheques, pago en efectivo, giros postales u otras formas de pago.

- Utilice un navegador seguro. Busque una dirección que comience con "https" en lugar de "http". También busque el ícono de un candado cerrado, que por lo general se encuentra en la parte inferior derecha de la pantalla.
- Evite realizar compras por Internet utilizando conecciones *wi-fi* que son públicas ya que pueden no ser seguras y su información personal puede ser robada en la red. Lea "Conexión inalámbrica (*wi-fi*)" (pág. 44) para mayor información.
- Imprima su orden de compra con los detalles del producto y su número de confirmación.

Para más información visite www.alertaenlinea.gov.

Subastas y ventas en Internet

Muchas personas venden sus artículos en Internet por medio de subastas y avisos clasificados. Lea la sección "Internet" (pág. 43) y también "Aproveche al máximo su compra por Internet" (pág. 5) para prevenir el fraude en línea. Cuando participe de una subasta en línea, siga estas recomendaciones:

- Verifique el funcionamiento de la subasta. ¿Puede usted anular una oferta? No asuma que las mismas reglas que se utilizan en un sitio web se aplican en todos. Algunos sitios ofrecen instrucciones que le muestran paso a paso el proceso de la subasta.
- Averigüe qué derechos lo asisten. ¿Existe alguna clase de seguro gratis o garantía para los artículos que no le son entregados o que no son iguales a los descritos?
- Siga las estrategias que se utilizan en cualquier subasta. Infórmese sobre el valor del objeto por el que está ofertando. Establezca el precio máximo que está dispuesto a pagar por él y aténgase a su decisión.
- Lea las calificaciones y comentarios de otros clientes para determinar si el vendedor tiene una buena reputación y hace entrega de productos de calidad tal como promete.
- No haga una oferta por un artículo que no tiene la intención de comprar. Si usted resulta ser el mejor postor, habrá adquirido el objeto. Las compañías de subastas suelen prohibir que aquellas personas que desisten de una compra hagan ofertas en el futuro.
- Si el vendedor no acepta pagos con tarjeta de crédito, utilice un servicio de depósito en garantía. Su dinero es retenido por un tercero hasta que usted reciba su compra y apruebe el pago para el vendedor. Este servicio tiene un pequeño recargo, pero su tranquilidad lo justifica.

Para más consejos visite el sitio web de la Comisión Federal de Comercio, www.consumidor.ftc.gov.

DESPUÉS DE COMPRAR

Hasta los compradores más cuidadosos pueden tener problemas no anticipados después de una compra. Estas medidas lo ayudarán a prevenir y a resolver cualquier problema que pudiera presentarse.

- Guarde todos los documentos que reciba al realizar la compra, así como todos los contratos, comprobantes de venta, cheques cancelados, manuales del propietario y documentos de garantía.
- Lea y siga las instrucciones con respecto al producto o al servicio. La forma en que usted utilice o cuide el producto puede afectar su derecho de garantía.

Si tiene un problema con un producto que compró, presente una queja (pág. 63).

Los consumidores tienen una gran variedad de alimentos a su disposición. Sepa cómo escoger alimentos seguros, nutritivos y que se ajusten a su presupuesto.

ALIMENTOS Y NUTRICIÓN

OPCIONES DE ALIMENTOS SALUDABLES

Para ayudarlo a elegir alimentos saludables, el Gobierno federal publica nuevas guías alimentarias cada cinco años. Los reglamentos federales también exigen el uso de etiquetas que identifiquen el contenido de grasa, fibra y nutrientes en los alimentos.

Para obtener consejos e información sobre la compra de alimentos y la nutrición, consulte:

- Administración de Alimentos y Medicamentos (pág. 75)
- Departamento de Agricultura (pág. 74)
- MedlinePlus.gov (www.nlm.nih.gov/medlineplus/spanish/medlineplus.html)
- Mi Plato (www.choosemyplate.gov/en-espanol.html)
- Nutrition.gov (www.nutrition.gov/en-espanol)
- Servicio de Alimentos y Nutrición (www.fns.usda.gov/es)

SEGURIDAD DE LOS ALIMENTOS

La seguridad de los alimentos en el hogar gira alrededor de tres funciones principales: su almacenamiento, manejo y cocción. Seguir reglas simples relativas a la limpieza, la separación, la cocción y la refrigeración puede prevenir la mayoría de las enfermedades de origen alimentario en el hogar. El sitio web espanol.hhs.gov/enes/dfoodsafety es el portal de información gubernamental sobre la seguridad de los alimentos e incluye publicaciones por Internet que se pueden descargar o solicitar. También puede visitar www.recalls.gov/spanish.html para encontrar información actualizada sobre seguridad de alimentos y productos retirados del mercado.

PROGRAMA DE CUPONES PARA ALIMENTOS

El Programa de Cupones para Alimentos (SNAP, sigla en inglés) ayuda a las personas de bajos ingresos a comprar los alimentos que necesitan para mantener una buena salud. Para recibir esta ayuda, una persona debe presentar una solicitud en el estado donde reside. La disponibilidad de estos beneficios depende de cada estado y algunos de los requisitos para calificar son:

- recibir bajos ingresos o trabajar a tiempo parcial
- estar desempleado
- recibir asistencia social
- ser de la tercera edad o tener una discapacidad y recibir bajos ingresos
- no tener hogar

Los beneficios se reciben por medio de una tarjeta electrónica prepagada que puede ser utilizada en establecimientos de comida autorizados. Para obtener mayor información visite www.fns.usda.gov/es/snap/programa-de-snap-snap o llame al 1-800-221-5689.

Estas son algunas fuentes adicionales para obtener más información:

- Centros para el Control y la Prevención de Enfermedades (CDC, sigla en inglés) (pág. 76)
- Centro para la Seguridad Alimentaria y la Nutrición Aplicada: 1-800-723-3366 (pida un traductor)
- Departamento de Salud y Servicios Humanos (pág. 75)
- Servicio de Inocuidad e Inspección de los Alimentos del Departamento de Agricultura www.fsis.usda.gov/en_espanol
- Línea Directa de Información sobre Carnes y Aves del Departamento de Agricultura 1-888-674-6854

AHORRE DINERO AL COMPRAR ALIMENTOS

Como el costo de los alimentos sigue en aumento puede ser un desafío elegir los que sean más saludables y mantenerse dentro de su presupuesto de comida. Pero a diferencia de otros gastos, su presupuesto de alimentos puede ser flexible. Siga estos consejos para sacar el máximo provecho de su dinero al hacer las compras:

- Haga un inventario de los alimentos que usted ya tiene en su casa. Planifique sus comidas para la semana teniendo en cuenta lo que usted tiene en su despensa.
- Lleve una lista. Así será menos probable que compre de más.
- Use aplicaciones móviles para comparar precios de diferentes supermercados y obtener la mejor oferta.
- Compare los precios por onza u otras unidades de peso.
- Compre las marcas genéricas de la tienda de alimentos.
- Aproveche los programas de lealtad que ofrecen descuentos para los clientes, así como cupones tradicionales y descuentos por Internet. Recuerde que los establecimientos comerciales estudian sus hábitos de compra y los utilizan para sus estrategias de mercadeo. Lea la sección "Proteja su privacidad" (pág. 33) para más información.
- Solo aproveche las ofertas de descuento si sabe que consumirá los productos. Un alimento desperdiciado no es una ganancia para usted.
- Verifique qué cantidad de alimento viene en el paquete. Algunos fabricantes de alimentos han reducido las cantidades en sus latas o cajas de alimento, pero cobran el mismo precio. Básicamente, usted está pagando un precio más alto por el alimento.
- Visite los mercados agrícolas locales para encontrar productos frescos. Llegue temprano para conseguir la mejor selección o tarde para conseguir las mejores ofertas. Los alimentos frescos se deterioran con rapidez, así que no compre más de lo que puede comer o congelar. Encuentre una feria agrícola en su localidad: search.ams.usda.gov/farmersmarkets (en inglés).
- Compre los alimentos propios de la temporada para que la oferta sea abundante y los precios más bajos.

- Lleve bolsas para cargar los alimentos. Algunas tiendas cobran un precio por bolsa a los clientes que no las llevan.

ALIMENTOS ORGÁNICOS

La compra de alimentos orgánicos es un modo de tratar de comer de manera sana y proteger el medio ambiente. Estos alimentos son cultivados y procesados según las regulaciones del Departamento de Agricultura (USDA, sigla en inglés) y además deben seguir reglas específicas sobre las prácticas de fumigación, crianza de animales y el uso de aditivos. Tenga presente que los alimentos naturales y orgánicos tienden a ser más caros que los alimentos cultivados convencionalmente y el USDA no afirma que los alimentos orgánicos sean más seguros o nutritivos que otros. Para asegurarse de que un producto es orgánico certificado, busque el sello orgánico de USDA.

Otras etiquetas autorizadas por el USDA para calificar los alimentos cárnicos y avícolas son:

Natural. La etiqueta "natural" indica que los productos no tienen ningún ingrediente artificial o colorantes y han sido procesados lo menos posible.

Alimentados a pasto o "grass-fed". Esta etiqueta indica que los animales se alimentaron principalmente de pastura a lo largo de su vida.

Al aire libre o "free-range". Esto significa que las aves no están enjauladas, pero disponen de un refugio seco y techado con acceso ilimitado al aire libre, alimentación y agua limpia.

El USDA responde preguntas sobre carnes y aves por e-mail mphotline.fsis@usda.gov o por teléfono al 1-888-674-6854.

AUTOS

Si piensa comprar o arrendar un auto, los siguientes consejos lo ayudarán a obtener un mejor precio y evitar problemas.

- Decida qué tipo de auto le conviene más y se ajusta a su presupuesto.
- Verifique quién es el vendedor. Para informarse sobre un concesionario de autos, comuníquese con la oficina de protección al consumidor de su estado (pág. 79) y con la Oficina de Buenas Prácticas Comerciales (pág. 79). Si negocia con un particular, verifique el título de propiedad para asegurarse de que está tratando con el dueño del vehículo.
- Pruebe el auto. Condúzcalo a diferentes velocidades y compruebe que puede doblar a la izquierda y a la derecha sin dificultad. En un tramo recto, asegúrese de que el vehículo no se desvíe hacia los costados.
- Si va a comprar un auto y piensa entregar su vehículo actual como parte de pago, negocie estas transacciones por separado para obtener la mejor oferta en cada una. Obtenga una cotización por escrito antes de acordar con el concesionario la entrega de su vehículo como parte de pago.
- Averigüe con anticipación en su cooperativa de crédito, banco o compañía financiera cuál es la mejor oferta que puede obtener. Fíjese en los gastos totales de financiamiento así como en la tasa de interés anual y no solamente en los pagos mensuales.
- Lea y entienda cada documento que le pidan que firme.
- No tome posesión del vehículo hasta que todos los trámites estén terminados.
- Elija una póliza de seguro que sea adecuada para usted (pág. 39).

CÓMO COMPRAR UN AUTO NUEVO

Infórmese sobre diferentes vehículos.

- Es más fácil obtener un mejor precio cuando se sabe cuánto pagó el concesionario por el auto y los accesorios. Esta información está disponible en varios sitios de Internet y en guías de precios impresas. Trate de averiguar el precio de venta para los distribuidores.

CONSEJOS DEL GOBIERNO PARA AHORRAR COMBUSTIBLE

- Visite el sitio web del Departamento de Energía sobre el ahorro de gasolina (www.fueleconomy.gov/feg/esIndex.shtml) para comparar el rendimiento de autos convencionales, eléctricos, híbridos, a diesel y alternativos.
- Calcule cúanto paga usted por gasolina al año con esta calculadora: (www.fueleconomy.gov/feg/essavemoney.shtml)
- La Comisión Federal de Comercio también ofrece recomendaciones útiles en www.consumidor.ftc.gov/articulos/s0098-ahorrando-dinero-en-gasolina. Encuentre recomendaciones prácticas para ahorrar dinero cuando vaya a la gasolinera, maneje en la carretera o visite el taller.

AUTOS

Esta es una manera más acertada de estimar el costo del vehículo o lo que paga el concesionario al fabricante.

- Fíjese si el fabricante ofrece reembolsos que disminuirían el costo del vehículo.
- Obtenga cotizaciones de varios concesionarios. Averigüe si los precios que le ofrecen incluyen rebajas y reembolsos.
- Evite aceptar productos o servicios adicionales de alto costo y poco valor, como los seguros de crédito, garantías extendidas, membresías en programas de lealtad, tratamientos contra la oxidación y acabados en la tapicería. Usted no necesita comprar un seguro de crédito para obtener un préstamo. Lea "Contratos de servicio y garantías extendidas" (pág. 2).
- Los autos híbridos son más populares entre los consumidores interesados en ahorrar combustible y reducir su impacto negativo al medio ambiente. Estos autos combinan las ventajas de los motores de gasolina y los motores eléctricos para lograr un bajo consumo de combustible y un mejor rendimiento. También fíjese que tengan el logo Smartway para identificar cuáles vehículos consumen menos gasolina y son mejores para el medio ambiente. Para más información sobre los autos híbridos, eléctricos, combustibles alternativos visite www.fueleconomy.gov/feg/esIndex.shtml.

CÓMO COMPRAR UN AUTO USADO

- Infórmese sobre sus derechos antes de comprar un auto usado. Póngase en contacto con la oficina de protección al consumidor de su estado (pág. 73).
- Averigüe con anticipación qué documentos va a necesitar para registrar el vehículo. Comuníquese con el departamento de vehículos motorizados de su estado.
- Compare los precios de modelos similares en la guía oficial de vehículos usados (www.nadaguides.com, en inglés) que publica la Asociación Nacional de Concesionarios de Autos o en el *Kelley Blue Book* (www.kbb.com/carros-usados). Estas guías se pueden encontrar en las bibliotecas locales.
- Investigue el historial del vehículo. Pregunte al vendedor detalles sobre los dueños anteriores, así como sobre el uso y el mantenimiento que ha recibido el auto. También averigüe si el vehículo ha sufrido daños durante una inundación o en algún choque, si ha sido catalogado como defectuoso o si se le ha hecho retroceder el odómetro. También visite www.vehiclehistory.gov (en inglés) para comprar los informes sobre el historial de un vehículo. Estos informes son útiles, pero no garantizan que un vehículo no haya sufrido ningún accidente.
- El departamento de vehículos motorizados de su estado puede investigar el historial del título de propiedad del vehículo. Allí consta si el auto ha sido declarado pérdida total, ha sido reconstruido o tiene otros defectos.
- La Administración Nacional de Seguridad del Tráfico en las Carreteras (www.nhtsa.gov, en inglés) mantiene una base de datos con los boletines de servicio del fabricante y los resultados de las pruebas de choques simulados.
- Asegúrese de que cualquier declaración de millaje concuerde con el odómetro del vehículo.
- Verifique la garantía. Si la garantía del fabricante sigue vigente, comuníquese con el fabricante para asegurarse de que usted puede continuar usando esa cobertura.
- Infórmese sobre las reglamentaciones de devolución del concesionario. Pídalas por escrito y léalas con cuidado.
- Haga revisar el auto por un mecánico capacitado. Hable con el vendedor y acuerde de antemano que usted pagará la inspección si el auto aprueba la revisión y que el vendedor pagará si se descubren problemas importantes. El mecánico debe revisar el chasis, las llantas, las bolsas de aire y los trenes trasero y delantero del vehículo, así como también el motor.
- Examine con atención los documentos del concesionario. Asegúrese de que usted esté comprando el vehículo y no arrendándolo con opción de compra. Los arrendamientos con opción de compra utilizan términos tales como "pago final" y "millaje base".

COMPARACIÓN ENTRE CONCESIONARIOS Y PARTICULARES

La Comisión Federal de Comercio obliga a los concesionarios a colocar una guía del comprador en la ventanilla de cada auto o camioneta usada que se encuentre en su local. Esta guía especifica si el vehículo se vende "tal como está" o con una garantía, así como qué porcentaje de los gastos de reparación pagará el concesionario según dicha garantía. Tenga en cuenta que, generalmente, los vendedores particulares tienen menos responsabilidad que los concesionarios en lo que respecta a fallas u otros problemas. Las reglamentaciones de la FTC no se aplican a las ventas privadas realizadas entre particulares.

Espere pagar precios más altos a un concesionario que a un particular. Muchos concesionarios inspeccionan sus autos y proporcionan un informe de inspección con cada auto. Sin embargo, esto no sustituye la inspección que usted haga. Algunos concesionarios proporcionan garantías limitadas y la mayoría vende garantías extendidas. Tenga cuidado con las garantías de los concesionarios que solo cubren el "tren motriz" y no ofrecen cobertura completa. Es mejor comparar garantías de varias fuentes.

Algunos concesionarios proporcionan autos "certificados". Esto generalmente significa que los autos han pasado por una inspección más minuciosa y vienen con una garantía limitada. Los precios de los autos certificados en general son más altos. Asegúrese de obtener una lista de lo que fue inspeccionado y de lo que está bajo garantía.

Por lo general, la compra de un auto usado a un concesionario es más segura porque usted está tratando con una empresa, lo cual significa que usted está mejor protegido por la ley. Comprar un auto a un vendedor particular puede ahorrarle dinero, pero existen riesgos. El auto puede ser robado, estar averiado o encontrarse todavía bajo un acuerdo de financiamiento. Si un vendedor particular le miente acerca del estado del vehículo, usted puede demandarlo si tiene pruebas. Es muy poco probable que un particular le entregue una garantía por escrito.

FINANCIAMIENTO

La mayoría de los compradores de autos necesitan algún tipo de financiamiento para comprar un vehículo nuevo. Muchos utilizan los préstamos directos, es decir, un préstamo de una compañía financiera, banco o cooperativa de crédito. En los préstamos directos, el comprador se compromete a pagar la cantidad financiada, más el cargo por financiamiento acordado, durante un periodo determinado. Una vez que un comprador y un concesionario de vehículos entran en un contrato para comprar un auto, el comprador usa el dinero del préstamo para pagar al concesionario por el vehículo.

Otra forma de financiamiento común es el que hacen las concesionarias, que ofrecen facilidad, opciones de financiamiento y, en ocasiones especiales, ofertas de interés bajo por parte del fabricante. Antes de tomar una decisión de financiación es importante hacer su investigación:

- Decida de antemano cuánto puede permitirse gastar y adhiérase a su límite.
- Obtenga una copia de su informe de crédito y corrija cualquier error antes de solicitar un préstamo.
- Compruebe guías de compra para identificar rangos de precios y las mejores ofertas disponibles.

Más información sobre el financiamiento de vehículos, para decidir lo que puede pagar y qué lo protege como consumidor está disponible en www.consumidor.ftc.gov/articulos/s0056-comprenda-como-funciona-la-financiacion-de-vehiculos.

ALQUILER Y ARRENDAMIENTO CON DERECHO A COMPRA

Antes de alquilar un auto:

- Pregunte por adelantado si existen cargos adicionales sobre el precio de alquiler acordado. Puede haber recargos por alquilar o entregar un vehículo en el aeropuerto, cargos por el seguro del auto, gastos de combustible, cargos por millaje, impuestos, cargos por conductor adicional y por conductor adicional menor de 25 años, así como cargos por alquiler de equipo especial como portaesquíes y asientos de seguridad infantil. Lea "Precios dinámicos" en la pág. 3.
- Consulte si la compañía de alquiler verifica el historial de manejo de los clientes cuando se presentan a recoger el auto. De ser así, la compañía puede rechazarlo aunque usted tenga una reservación confirmada.

CÓMO ELEGIR UN AUTO SEGURO

Las pruebas de choques simulados ayudan a determinar si un auto lo protegerá bien en el caso de un choque real. Las siguientes organizaciones hacen pruebas de choques simulados y dan una calificación a los autos:

- Safercar.gov (www.safercar.gov, en inglés) es un sitio web de la Administración Nacional de Seguridad del Tráfico en las Carreteras (NHTSA, sigla en inglés) que ofrece las calificaciones de seguridad de los diferentes modelos de autos desde 1990. NHTSA realiza todos los años pruebas de choque frontal y lateral, y mide la protección que los vehículos ofrecen a sus ocupantes. NHTSA evalúa los mecanismos de protección de cada vehículo como bolsas de aire y cinturones de seguridad. NHTSA también ofrece amplia información sobre los asientos de seguridad para niños (www.safercar.gov/parents/protegidos)

- Consumer Reports (espanol.consumerreports.org) publica información en español del Centro Nacional de Investigación de Consumer Reports sobre el resultado de las pruebas de choques simulados con las características del vehículo para evitar accidentes: su desempeño en situaciones de emergencia, el freno, la aceleración e incluso la comodidad del conductor.

- El Sistema Nacional de Información de los Títulos de Vehículos Motorizados (www.vehiclehistory.gov) permite a los consumidores ingresar el número del título y obtener el historial del auto que incluye las lecturas reportadas del odómetro cada vez que ha cambiado de dueño, si ha sido declarado una pérdida total o sufrido daños serios por inundación, choque o incendio, e incluso si ha sido robado.

Para averiguar si el fabricante ha retirado del mercado un auto por fallas de seguridad, póngase en contacto con NHTSA (pág. 77). Si un vehículo ha sido retirado del mercado y se encuentra a la venta otra vez pídale al concesionario pruebas que demuestren

que la falla ha sido corregida. Si su estado lo requiere, los vehículos usados también deberán llevar un adhesivo demostrando que la inspección de seguridad está vigente.

AUTOS

- Verifique con anticipación que no esté duplicando la cobertura del seguro. Si viaja por razones de negocios, es posible que su empleador tenga un seguro que cubra los daños al vehículo si sufre un accidente. También puede tener cobertura a través del seguro de su propio vehículo, de su membresía en un club de servicio automotor o de la tarjeta de crédito que utilice para reservar el alquiler.
- Revise su recibo de alquiler para asegurarse de que no le están cobrando equivocadamente por servicios que usted no solicitó, por ejemplo el Sistema de Posicionamiento Global (GPS, sigla en inglés) o seguro de alquiler.
- Revise cuidadosamente el vehículo y las llantas antes de alquilarlo. Trate de regresar el auto durante horas de oficina para poder revisar el auto junto con el personal de alquiler y verificar que usted no lo ha dañado.
- Consulte si debe devolver el auto con el tanque lleno y cuánto le cobrarán por el galón de combustible si no lo ha llenado. Algunas compañías de alquiler, en particular las que se encuentran en los aeropuertos, pueden requerir que usted le ponga gasolina al auto en un establecimiento que se encuentre a no más de 10 millas del aeropuerto o que muestre un recibo por combustible cuando devuelva el auto.

Pague con una tarjeta de crédito, en vez de una tarjeta de débito, para evitar la retención de fondos en su cuenta corriente. Lea "Tarjetas de crédito: monto congelado" en la pág. 55.

- Pregunte a la compañía de alquiler si requiere un depósito. De ser así, solicite una explicación clara sobre el proceso de reembolso del depósito.

Para más información sobre el alquiler de autos y las opciones de seguro, visite www.insureuonline.org/consumer_auto_car_rental_insurance.htm (en inglés).

Algunos estados tienen leyes para proteger sus derechos como consumidor de servicios de alquiler a corto plazo para autos o picops. Comuníquese con su oficina de protección al consumidor estatal o local (pág. 73) para mayor información o para presentar una queja.

Arrendamiento con derecho a compra o "leasing"

Cuando usted arrienda un vehículo con derecho a compra, usted paga por usar un auto por un plazo determinado. Es probable que los pagos mensuales por arrendamiento o "leasing" sean inferiores a lo que tendría que pagar por un préstamo para la compra de un auto, pero al terminar el contrato no será dueño del auto. Para obtener la mejor oferta, siga los siguientes consejos además de las sugerencias generales para comprar un auto (pág. 7).

- Determine si arrendar es la mejor opción para usted. La Ley de Arrendamiento del Consumidor obliga a las compañías a dar información sobre los pagos mensuales y otros gastos.
- Considere diferentes concesionarios y compare las ofertas de arrendamiento para encontrar la más favorable.
- Averigüe cuál es el pago inicial o la reducción del costo capitalizado de arriendo. Solo los consumidores con mejores puntajes de crédito califican para los pagos iniciales y las tasas de interés bajos que son anunciados en las propagandas.
- Calcule el costo total para la duración completa del arriendo, incluyendo el pago inicial. Un arriendo con un pago inicial más alto y pagos mensuales bajos puede ser una mejor opción para usted.
- Considere negociar con un agente independiente. Puede que consiga un acuerdo más favorable. Muchas instituciones financieras que ofrecen financiamiento para comprar un auto también ofrecen opciones de arrendamiento.
- Pregunte qué se considera desgaste excesivo del vehículo. Cosas que para usted son parte del desgaste natural del auto, podrían ser consideradas como daños significativos por los que tendría que pagar al término del contrato.
- Averigüe cuántas millas puede recorrer al año. La mayoría de los contratos de arrendamiento permiten de 12,000 a 15,000 millas al año. Cada milla adicional podría costarle entre 10 y 25 centavos.
- Consulte la garantía del fabricante. Asegúrese de que cubra el término completo del contrato y la cantidad de millas que es probable que usted recorra.
- Pregunte qué sucede si usted devuelve el vehículo antes de finalizar su contrato, ya que podrían surgir costos adicionales.
- Pregunte qué sucede si el vehículo sufre un accidente.
- Obtenga por escrito todas las condiciones del contrato. Incluya todos los artículos que vienen con el auto dentro del contrato de arrendamiento para evitar que más tarde le cobren por objetos "faltantes".

Usted puede obtener más información sobre la compra de un vehículo en el sitio web www.consumerfinance.gov/es.

DEFECTOS DE FÁBRICA Y GARANTÍAS SECRETAS

A veces un fabricante comete un error en el diseño o la fabricación de un auto. Un boletín de servicio notifica el problema al concesionario y le indica cómo resolverlo. Como a estas reparaciones gratuitas no se les hace publicidad, se las llama "garantías secretas". La Administración Nacional de Seguridad del Tráfico en las Carreteras (www.nhtsa.gov, en inglés) mantiene una base de datos con boletines de servicio presentados por los fabricantes (pág. 80).

Si usted tiene un problema con un vehículo que es un riesgo de seguridad, compruebe si el fabricante ha anunciado un retiro del mercado sobre el vehículo. Usted puede encontrar información sobre boletines de servicio técnico, retiros del mercado y otros defectos de seguridad en la base de datos de la Administración Nacional de Seguridad del Tráfico en las Carreteras (NHTSA, sigla en inglés): (en inglés). Para preguntar por la seguridad de un vehículo, puede llamar al 1-800-424-9393, la línea gratuita del Departamento de Transporte. Usted debe reportar los riesgos que no estén listados a su distribuidor de autos, el fabricante (pág. 80) y NHTSA en su sitio web www-odi.nhtsa.dot.gov/ivoq (en inglés). Si existe un defecto de seguridad, el fabricante debe arreglarlo sin que represente un costo para usted, inclusive si su garantía ha expirado.

Si su vehículo presenta un problema especial al que nunca parece encontrarle solución, es probable que tenga un auto defectuoso, también conocido como "limón" por su traducción del inglés. Algunos estados tienen leyes para estos casos que exigen el reembolso del dinero o el reemplazo del vehículo si el problema no se ha podido arreglar luego de un número razonable de intentos, así como si usted no ha podido utilizar su auto por cierto número de días. Para averiguar sobre la protección de estas leyes y cuáles son los pasos a seguir para resolver su problema, comuníquese con la oficina de protección al consumidor de su estado (pág. 79). Si usted cree que su vehículo es defectuoso:

- Cada vez que lleve su vehículo a ser reparado, entréguele al concesionario una lista de los problemas.
- Obtenga y guarde copias de las órdenes de reparación en las que aparezcan enumerados los problemas, el trabajo de reparación realizado y las fechas en las que el vehículo estuvo en el taller.
- Comuníquese con el fabricante y con el concesionario para reportar el problema. Ubique al fabricante en el manual de su auto.

El Centro para la Seguridad Vehicular recopila información y quejas sobre defectos de seguridad, vehículos que han sido retirados del mercado, boletines de servicio y leyes estatales de protección al consumidor en el sitio web www.autosafety.org (en inglés).

REPARACIONES DE AUTOS

Cada vez que lleve su vehículo al taller:

- Seleccione un taller de reparación confiable con la ayuda de familiares, amigos u organizaciones de consumidores independientes. Busque talleres que exhiban diversas certificaciones vigentes. También deberá verificar el historial del taller en la oficina de protección al consumidor de su estado (pág. 79) o en la Oficina de Buenas Prácticas Comerciales (pág. 79).
- Describa los síntomas. No trate de adivinar el problema.
- Explique claramente que el trabajo de reparación no podrá comenzar hasta que usted reciba una cotización por escrito y dé su aprobación. Nunca firme una orden de reparación en blanco. Si no es posible determinar el problema cuando usted está presente, insista en que lo contacten para pedirle su autorización cuando encuentren el problema.
- Pídale al taller que le entregue las partes usadas que fueron cambiadas.

- Si una reparación está cubierta por la garantía, siga las instrucciones al pie de la letra.
- Obtenga por escrito una lista de todas las reparaciones realizadas bajo la garantía.
- Guarde copias de todos los documentos.

Algunos estados, ciudades y condados tienen leyes especiales que regulan las reparaciones de vehículos. Para más información sobre las leyes de su estado, comuníquese con la oficina de protección al consumidor de su estado (pág. 79) o lea un manual básico sobre reparaciones de autos como www.consumidor.ftc.gov/articulos/s0211-informacion-basica-sobre-reparaciones-de-carros.

EMBARGO DE VEHÍCULOS

Cuando usted ha pedido un préstamo para comprar un auto o camión, el prestamista puede embargar el vehículo si usted no cumple con un pago o infringe de alguna otra manera el contrato. También debe saber que el prestamista puede:

- Embargar el vehículo con causa justificada y sin previo aviso.
- Exigir que usted cancele completamente el saldo del préstamo para poder recuperar la posesión del vehículo.
- Vender el vehículo en una subasta.
- Demandarlo con la intención de recuperar la diferencia monetaria entre el precio que recibió por el vehículo en la subasta y lo que usted le debe.
- El prestamista no puede entrar en su casa, ni amenazar físicamente a nadie mientras se lleva el vehículo.

Si usted sabe que va a retrasarse en un pago, hable con la entidad crediticia para tratar de resolver el asunto. Si llegan a un acuerdo, asegúrese de ponerlo por escrito. Para averiguar si su estado le brinda otros derechos adicionales, comuníquese con su oficina estatal o local de protección al consumidor (pág. 79).

BANCA PERSONAL

BANCA PERSONAL

Escoger un banco es una decisión importante y diferente para cada consumidor. Cuando usted vaya a elegir un banco, considere los productos y servicios que le ofrecen, así como las ubicaciones de las sucursales, el tamaño del banco, los costos para usted y las tasas de interés. Incluso si realiza la mayor parte de sus transacciones por Internet o a través de los cajeros automáticos, usted quiere contar con un buen servicio de atención al cliente. Considere también la variedad de productos que el banco proporciona. Algunos bancos pueden especializarse en cuentas corrientes o de ahorros, mientras que otros son bancos de servicio completo, que ofrecen préstamos y certificados de depósito. Usted no tiene que mantener todas sus cuentas en un mismo banco. Puede usar varios bancos para conseguir las mejores tasas en los distintos servicios financieros.

CUENTAS CORRIENTES Y DE AHORRO

Existen numerosas opciones para depositar su dinero en un lugar seguro. Las cuentas corrientes, cuentas de ahorro, certificados de depósito y cuentas de alto rendimiento son las elecciones más comunes. Cada una de estas opciones cuenta con reglamentaciones y beneficios diferentes. Al elegir la opción apropiada para usted, considere:

Requisitos de depósito mínimo. Algunas cuentas pueden abrirse con una cantidad mínima de dólares. Si su cuenta está por debajo del mínimo, no gana intereses y no se le cobran cargos adicionales.

Límites en los retiros. ¿Puede hacer retiros de dinero cada vez que usted quiera? ¿Existen multas por hacerlo?

Interés. ¿Puede ganar intereses y con qué frecuencia (diaria, mensual, trimestral, anual)? Usted puede preguntar a los bancos o cooperativas de crédito para comparar las tasas de interés que tienen actualmente.

Seguro de depósito. Busque el aviso que diga que su dinero está protegido por la Corporación Federal de Seguro de Depósitos (FDIC, sigla en inglés). Esta organización protege el dinero en las cuentas corrientes y de ahorro, certificados de depósito y cuentas de retiro hasta por $250,000. Para más información, vea la pág. 74 o visite www.fdic.gov/quicklinks/spanish.html.

Cooperativas de crédito. Las cooperativas de crédito son instituciones financieras sin fines de lucro que pertenecen a sus miembros. El Fondo de Seguro Nacional para Cooperativas de Crédito (NCUSIF, sigla en inglés) asegura los ahorros de una persona hasta por $250,000.

Conveniencia. ¿Cuán fácil es depositar y retirar su dinero? ¿Hay cajeros o máquinas ATM cerca de donde trabaja o vive? ¿Puede obtener servicio por teléfono o Internet?

TRANSFERENCIAS DE PERSONA A PERSONA

Cada vez se vuelve más común y fácil el uso de transferencias electrónicas para enviar pagos de persona a persona (P2P). Para enviar el pago usted no necesitará más que el e-mail o número de celular de la otra persona. Esa persona recibirá un e-mail o mensaje de texto con un código para recibir el pago.

Si usted realiza la transferencia a través de su banco, se le debitará el dinero directamente de su cuenta corriente. Otras empresas que facilitan estas transacciones pueden debitar el dinero de su tarjeta de débito o crédito, o de su cuenta bancaria. Existe un cargo por el uso de P2P, sea un porcentaje del pago o un cargo fijo.

Al empezar a usar un nuevo servicio, siempre se recomienda preguntar cuáles son los costos de dicho servicio, cómo se protege su privacidad y si le dan alguna protección en caso de estafa.

Si está considerando una cuenta corriente u otro tipo de cuenta con los beneficios de una chequera, añada estos asuntos a tener en cuenta:

Número de cheques. ¿Existe un número máximo de cheques que usted puede utilizar por mes sin recargo?

Cargos por cheque. ¿Existe un cargo mensual por cuenta o cargo por cada cheque utilizado?

Periodo de espera. ¿Existe algún periodo de espera antes de tener acceso al dinero depositado en su cuenta? El periodo de espera puede ser más largo para cheques que son emitidos fuera del estado.

Cargos de la cuenta. Los bancos pueden cobrarle cargos en su cuenta corriente o de ahorros para cubrir costos de mantenimiento, retiros de dinero o reglas de saldo mínimo. Sin embargo, el banco debe informarle sobre estos cargos desde un principio al crear la cuenta y cuando ocurran cambios. Estas prácticas varían dependiendo de la institución financiera, pero cada una debe informarle de cualquier modificación de cargos

BANCA PERSONAL

en su estado de cuenta o por medio de una carta por separado.

Sobregiros y cheques rebotados. ¿Qué ocurre si usted hace un cheque, un retiro o utiliza su tarjeta de débito por más dinero del que tiene en su cuenta? ¿Cuánto le cobrará su banco por el cheque rebotado y por el sobregiro? ¿Pagará su banco por el cargo hecho, aunque no tenga fondos suficientes en la cuenta?

TARJETAS DE DÉBITO O ATM

Con una tarjeta de débito y un número de identificación personal (PIN, sigla en inglés) usted puede utilizar un cajero automático (ATM, sigla en inglés) para retirar dinero, hacer depósitos o transferir fondos entre sus cuentas. Algunos cajeros automáticos le cobran un cargo si usted no es miembro de esa red de cajeros automáticos o si efectúa una transacción en un lugar fuera de su área.

Con una tarjeta de débito, usted también puede realizar compras. Algunos bancos emisores de tarjetas de débito cobran a sus clientes por las compras realizadas con tarjetas de débito que requieren un número de identificación personal. Aunque una tarjeta de débito se parece a una tarjeta de crédito, el dinero de la compra es transferido de inmediato desde su cuenta bancaria a la cuenta de la tienda. La compra aparecerá en su estado de cuenta bancario. Cuando usted utiliza una tarjeta de débito, las leyes federales no le dan derecho a detener el pago, por lo que deberá resolver el problema con el vendedor.

Si usted sospecha un robo o pérdida de su tarjeta de débito, comuníquese inmediatamente con la entidad emisora de la tarjeta. Mientras que las leyes federales limitan su responsabilidad a $50 por una tarjeta de crédito extraviada o robada, su responsabilidad por el uso no autorizado de una tarjeta de cajero automático o débito puede ser mucho mayor, dependiendo de la rapidez con que usted reporte la pérdida.

- Si reporta la pérdida de una tarjeta de débito antes de que sea utilizada, usted no será responsable de los retiros no autorizados de dinero.
- Si reporta la pérdida de una tarjeta de débito dentro de los dos días hábiles posteriores a que se diera cuenta del extravío, su responsabilidad se limita a $50. Si reporta la pérdida entre los dos y 60 días posteriores, su responsabilidad será de $500.
- Si usted no informa el uso no autorizado de una tarjeta de débito o de cajero automático dentro de los 60 días posteriores al envío por correo del estado de cuenta en que aparece dicho uso no autorizado, usted podría perder todo el dinero de su cuenta bancaria. También podría perder hasta la parte no utilizada de su línea de crédito establecida para sobregiros.

Consulte las normas de la entidad emisora de su tarjeta, ya que algunas compañías límitan aún más su responsabilidad de manera voluntaria.

Si su banco cubre los sobregiros, usted tiene ahora la opción de elegir si desea o no este servicio para sus transacciones con tarjeta de débito y ATM. Los bancos tienen la obligación de darle a conocer esta opción, el monto de los cargos por sobregiro y su derecho a declinar este servicio. Para más información visite www.federalreserve.gov/consumerinfo/files/wyntk_overdraft_sp.pdf.

CHEQUES Y OFERTAS DE CRÉDITO NO SOLICITADAS

Si usted deposita un cheque no solicitado, usted podría estar aceptando pagar por productos o servicios que no desea ni necesita. Además, las "garantías" que le ofrecen, sin tener en cuenta su historial de crédito, para tarjetas de crédito o préstamos son probablemente una estafa. Los prestamistas legítimos nunca garantizan el crédito.

Algunas ofertas de crédito legítimas llegan como "cheques de conveniencia", que las compañías de crédito adjuntan al estado de cuenta. Sin embargo, estos cheques

---

¡ALERTA! "PHISHING" ES UN CRECIENTE PROBLEMA

Se llama "phishing" a la práctica fraudulenta de utilizar un e-mail para robar información personal y valiosa, como el número de tarjeta de crédito, códigos de identificación y contraseñas de cuentas bancarias. Un e-mail de "phishing" suele solicitar que usted verifique información de este tipo. Algunos estafadores también han adaptado esta práctica a los teléfonos celulares enviado mensajes de texto y pidiéndole que confirme su información personal. Una compañía legítima jamás le pedirá que usted comparta su contraseña o número de cuenta por e-mail. Si usted no está seguro de la procedencia de un e-mail que ha recibido, comuníquese directamente con la compañía que dice habérselo enviado por una vía alternativa pero NUNCA responda a ese e-mail. Si lo hace podría hasta inhabilitar su cuenta.

BANCA PERSONAL

pueden tener tarifas más altas, una mayor tasa de interés u otras restricciones. Si usted no los desea, asegúrese de triturar los cheques para protegerse de los ladrones de identidad que rebuscan los basureros o se apropian de datos personales.

Desconfíe si recibe un cheque extranjero que afirma que ganó una lotería en otro país. Tampoco acepte cheques extranjeros para inversiones o para pagar un producto que usted vendió por Internet. Estos pueden tratarse de estafas. Aunque pueda depositar un cheque, este puede ser ilegal. A menos de que usted conozca o confíe en la persona que le envía un cheque, no se confíe del dinero de un cheque que sea extranjero o no solicitado, hasta que su banco verifique los fondos.

Tipo de Institución	Agencia regulatoria
Bancos avalados por el estado y compañías fiduciarias	Corporación Federal de Seguro de Depósitos (pág. 74) y autoridades bancarias estatales (pág. 79)
Bancos con la palabra "National" en el nombre o "N.A." después del nombre	Oficina del Contralor de la Moneda del Departamento del Tesoro (pág. 78)
Bancos de ahorros federales y bancos de ahorro y préstamos federales	Oficina del Contralor de la Moneda del Departamento del Tesoro (pág. 78)
Cooperativas de crédito avaladas federalmente	Administración Nacional de Cooperativas de Crédito (pág. 72)
Bancos avalados por el estado que son miembros del Sistema de la Reserva Federal	Sistema de la Reserva Federal (pág. 78)

TARJETAS PREPAGADAS

Las tarjetas prepagadas, también conocidas como débito prepagado, o de regalo, son una forma conveniente de pagar las compras. Los bancos y tiendas las ofrecen para que los consumidores tengan otra opción para hacer pagos u otras transacciones financieras. Uno no necesita tener una cuenta bancaria o historial de crédito para utilizar una tarjeta prepagada. Asegúrese de comprender los términos y condiciones ANTES de adquirirla.

Algunas tarjetas ofrecen protecciones similares a las de las tarjetas de crédito y de débito. Para obtener estos beneficios, usted debe seguir las instrucciones para registrar y activar la tarjeta. Asegúrese de anotar y guardar la información de su tarjeta, incluyendo el

MAYOR PROTECCIÓN AL ENVIAR REMESAS

Si envía remesas a familiares o amigos fuera de Estados Unidos, usted cuenta con ciertos derechos que lo protegen. Ahora tiene la capacidad de comparar ofertas, anular la transacción y presentar una queja. Sus derechos incluyen:

- **Obtener una cotización por escrito.** La compañía de remesas le debe dar un presupuesto por escrito que incluya el monto de la transferencia, los costos por impuestos, tasas, tipo de cambio, así como la cantidad que recibirá el destinatario.
- **Recibo.** Una vez que el cliente ha aprobado la cotización, la compañía de remesas debe darle un recibo que confirme los detalles de la transacción.
- **Derecho a anular el servicio.** Usted tiene 30 minutos para cambiar su opinión y anular el envío de la remesa con un reembolso completo. Esto también debe estar indicado en el recibo.
- **Manejar disputas o presentar una queja.** El recibo debe incluir la información de contacto de la compañía de remesas por si usted desea disputar un error. También debe incluir información para poder contactar a la agencia que regula las remesas en su estado y la Oficina para la Protección Financiera del Consumidor (pág. 78).

número de teléfono para servicio al cliente que aparece en el reverso de la tarjeta, para que pueda obtener un reemplazo en caso de robo o pérdida. Algunos emisores de tarjetas prepagadas cobran cargos por activación, mantenimiento y retiros en efectivo.

Si tiene un problema con una tarjeta prepagada, comuníquese primero con el número del servicio al cliente. Si no le resuelven el problema puede dirigir una queja a las autoridades pertinentes:

- Para tarjetas emitidas por comercios minoristas, comuníquese con la Comisión Federal de Comercio (pág. 73). También puede presentar la queja a través de la oficina local de protección al consumidor (pág. 79).
- Para tarjetas emitidas por bancos nacionales, comuníquese con la Oficina del Contralor de la Moneda (pág. 78).
- Para tarjetas emitidas por bancos estatales, comuníquese con la Corporación Federal de Seguro de Depósitos (pág. 74) o la autoridad bancaria estatal.

CRÉDITO

Como sucede con todas sus compras, el crédito tiene un precio, por lo que conviene comparar precios antes de decidirse. Obtenga información actualizada sobre las tasas de interés de créditos hipotecarios, préstamos para la compra de autos, tarjetas de crédito y otros productos bancarios. Existen numerosos sitios web confiables que dan esta información gratis.

La Ley de Igualdad para la Oportunidad al Crédito lo protege al hacer tratos con entidades que suelen ofrecer crédito, incluyendo bancos, compañías financieras, tiendas, compañías de tarjetas de crédito y cooperativas de crédito. Cuando usted solicita un crédito, el acreedor no puede:

- Preguntar sobre o tomar en cuenta su sexo, raza, país de origen o religión.
- Preguntar sobre su estado civil o sobre su cónyuge, a menos que usted solicite una cuenta conjunta, dependa de los ingresos de su cónyuge o viva en un estado donde los bienes de cada uno de los cónyuges pertenezcan a ambos (Arizona, California, Idaho, Luisiana, Nevada, Nuevo México, Texas, Washington o Wisconsin).
- Preguntar sobre sus planes en cuanto a tener o criar hijos.
- Negarse a considerar sus ingresos debido a su sexo o estado civil, o porque provengan de beneficios por jubilación, asistencia social o por pensión alimentaria, o un empleo de tiempo parcial.

Usted tiene derecho a:

- Que en el crédito figure su nombre y apellido de nacimiento, su nombre y el apellido de su pareja o cónyuge, o su nombre y un apellido combinado.
- Tener un garante diferente de su cónyuge si es necesario.
- Mantener su propia cuenta, luego de haber cambiado su nombre o estado civil, o de haberse jubilado, a menos que el acreedor pruebe que usted no está en condiciones de pagar o no tiene intenciones de hacerlo.
- Saber el motivo por el cual su solicitud de crédito fue rechazada. El acreedor deberá explicarle los motivos específicos del rechazo o decirle cómo y dónde usted puede obtener una copia del informe de crédito que se utilizó para rechazar el crédito, si lo solicita dentro de los 60 días posteriores.
- Tener cuentas conjuntas con su cónyuge, que sean reportadas con ambos nombres.
- Saber cuánto le costará el préstamo.

Para información adicional sobre sus derechos, visite www.consumidor.ftc.gov/articulos/s0347-sus-derechos-de-igualdad-de-oportunidad-de-credito. También puede contactar al Centro de Asesoría de Vivienda del Departamento de Vivienda y Desarrollo Urbano (línea gratuita 1-800-569-4287, para español presione el 2), la Comisión Federal de Comercio (pág. 73) y la Oficina para la Protección Financiera del Consumidor (pág. 78).

TARJETAS DE CRÉDITO

Hay varios tipos de tarjetas de crédito y cada una tiene diferentes características, pero no existe una tarjeta de crédito que sea la mejor. La tarjeta que le conviene depende completamente de cómo usted planifica usarla. ¿Utilizará su tarjeta de crédito para compras diarias o compras mayores? ¿Piensa pagar su saldo por completo cada mes?

Antes de solicitar una tarjeta de crédito, tome en consideración:

¡ALERTA! RECARGOS POR PAGAR CON TARJETA DE CRÉDITO

Cuando usted paga con su tarjeta de crédito los minoristas están autorizados a cobrarle un recargo de hasta el 3 por ciento del precio total de la compra. Si el minorista adopta la política de cobrar el recargo debe tener un aviso en la tienda e incluirlo en el recibo.

El recargo también puede ser aplicado como un descuento para los consumidores que pagan con dinero en efectivo. Está prohibido cobrar un recargo en los estados de California, Colorado, Connecticut, Florida, Illinois, Maine, Massachusetts, New York, Oklahoma y Texas.

Los minoristas también están autorizados a establecer un cargo mínimo de $10 para compras con tarjeta de crédito. Sin embargo, no se puede aplicar recargos o cargos mínimos a los pagos realizados con tarjeta de débito. Para obtener más información sobre las tarjetas de crédito y débito visite www.consumidor.ftc.gov/articulos/s0332-tarjetas-de-credito-debito-y-cargo.

CRÉDITO

TARJETA DE CRÉDITO RECHAZADA POR ERROR

Cuando el emisor de su tarjeta de crédito sospecha que se han hecho cargos no autorizados con su tarjeta de crédito, envía una alerta de fraude para que sea rechazada. En la mayoría de los casos esto significa una gran protección para el dueño de la tarjeta, salvo cuando quien quiere utilizar la tarjeta no es un ladrón sino el propio dueño. Conozca algunos de los usos de la tarjeta de crédito que pueden ser malinterpretados como fraudulentos por la compañía emisora:

- Utiliza la tarjeta para comprar algo de poco valor y luego para pagar algo caro. Los ladrones de tarjetas de crédito a veces hacen un compra pequeña para probar la tarjeta de crédito y luego la usan para comprar algo de mayor valor. Esto pone en alerta a las compañías emisoras de tarjetas de crédito.
- Hace muchas compras en un corto espacio de tiempo.
- Hace compras en otra ciudad, una parte diferente de la ciudad o en tiendas donde no va normalmente.

Aunque resulte inconveniente que le rechacen la tarjeta de crédito por error, recuerde que esto se hizo para evitar que usted sea víctima de fraude. Para evitar que le rechacen la tarjeta de crédito por error o saber cómo reaccionar si le sucede:

- Informe a su compañía de tarjeta de crédito si usted va a usar su tarjeta fuera de la ciudad (especialmente en el exterior).
- Actualice su dirección de facturación si se muda para que la compañía emisora reconozca que se trata de un nuevo patrón de compras.
- Asegúrese de que la compañía emisora tiene su número de su teléfono celular para que lo puedan contactar rápidamente para verificar o autorizar una compra.
- Si le rechazan la tarjeta de crédito póngase en contacto de inmediato con la compañía emisora.

- **La tasa de interés anual (APR, sigla en inglés).** Si la tasa de interés fuera variable, ¿cómo se determinaría y cuándo podría variar?
- **La tasa periódica.** Se trata de la tasa de interés utilizada para calcular los gastos de financiamiento sobre su saldo en cada periodo de facturación.
- **La cuota de membresía anual.** Mientras que algunas tarjetas no cobran cuota anual, otras le cobrarán una cantidad cada año para mantener la tarjeta de crédito.
- **Programas de recompensas.** ¿Puede usted ganar puntos para obtener pasajes aéreos, estadías de hotel y certificados de regalo para sus tiendas favoritas? Use los recursos en línea para encontrar la tarjeta que ofrece las recompensas que usted prefiere.
- **El periodo de gracia.** Se trata de la cantidad de días que usted dispone para pagar la cuenta, antes de que empiecen los cargos por financiamiento. Sin dicho periodo, es posible que usted deba pagar intereses desde el día en que use la tarjeta o desde el ingreso de la compra a su cuenta.
- **Los cargos por financiamiento.** La mayoría de las entidades crediticias calculan los gastos de financiamiento utilizando el saldo diario promedio, el cual corresponde al promedio de la cantidad que debía cada día del ciclo de facturación. Busque ofertas que utilicen un saldo ajustado, lo que resta su pago mensual de su saldo inicial. Este método generalmente tiene los cargos por financiamiento más bajos. Evite aquellas ofertas que utilicen el saldo previo para calcular lo que usted adeuda, ya que este método es el que tiene los cargos por financiamiento más altos. Tampoco olvide verificar si existe un cargo mínimo por financiamiento.
- **Otros cargos.** Averigüe si se cobran cargos especiales por adelantos de efectivo, por pagos fuera de término o por sobrepasar el límite de crédito. Algunas compañías también cobran un cargo mensual. Tenga cuidado: algunas compañías también pueden tratar de aumentar su venta ofreciéndole otros servicios como protección de crédito, seguro o cobertura de deuda.

La Ley de Divulgación Justa sobre Tarjetas de Crédito y de Cargo obliga a las compañías emisoras de tarjetas de crédito y de débito a incluir esta información en las solicitudes de crédito. Usted también puede hacer su propia investigación. Hay varios sitios web disponibles que lo ayudan a comparar tarjetas de crédito o le ofrecen consejos gratis, informes y calculadoras.

Para consejos sobre tarjetas de crédito, visite www.federalreserve.gov/consumerinfo/fivetips_creditcard_sp.htm y www.consumidor.ftc.gov/temas/dinero-y-credito.

Cómo presentar una queja

Para presentar una queja sobre un problema con la compañía de su tarjeta de crédito, comuníquese primero con la compañía o intente resolver el problema con la Oficina para la Protección Financiera del Consumidor (CFPB, sigla en inglés) www.consumerfinance.gov/es/presentar-una-queja (pág. 78). Si no puede solucionar dicho problema, pregunte por el nombre, dirección y número de teléfono de su agencia reguladora. Consulte el cuadro en la pág. 14 para determinar cuál es la agencia reguladora a nivel estatal o federal más adecuada para contactar.

Para presentar una queja sobre una agencia de crédito, comuníquese con la CFPB (pág. 78). Para presentar una queja sobre una tienda por departamentos u otra institución financiera asegurada por la Corporación

Federal de Seguro de Depósitos, comuníquese con el Centro de Respuesta al Consumidor (pág. 74). También puede presentar una queja ante la Comisión Federal de Comercio (pág. 73) por Internet en www.ftccomplaintassistant.gov/Consumer_HomeES.htm. Haga clic en "el formulario de reclamación".

Cómo disputar cargos

La Ley de Facturación Justa de Crédito le da el derecho a disputar cargos que aparecen en su tarjeta de crédito que no fueron hechos por usted, están incorrectos o son por bienes o servicios que usted no recibió.

- Envíe una carta al acreedor dentro de los 60 días posteriores a la fecha en que se emitió la factura que contiene el cargo que desea disputar.
- Incluya su nombre, el número de su cuenta, la fecha y la cantidad del cargo en disputa, así como una explicación de por qué está usted disputando el cargo. Para asegurarse de que es recibida, envíe su carta por correo certificado y solicite se acuse recibo.
- El acreedor o emisor de la tarjeta debe acusar recibo de su carta por escrito dentro de los 30 días de haberla recibido y realizar una investigación dentro de 90 días. Usted no tiene que pagar la cantidad en disputa durante la investigación.
- Si hubo un error, el acreedor debe acreditar su cuenta y eliminar cualquier multa o costo asociado.
- Si la factura está correcta, usted debe ser notificado por escrito cuál es la cantidad que debe y por qué. Usted debe pagar lo adeudado y cualquier cargo financiero asociado.

Si no está de acuerdo con la decisión del acreedor, envíe su apelación a la Oficina para la Protección Financiera del Consumidor (pág. 78). También puede presentar una demanda legal contra el acreedor.

INFORMES Y PUNTAJE DE CRÉDITO

Un informe de crédito contiene información sobre su trabajo y lugar de residencia, así como la manera en que paga sus cuentas y si ha sido demandado, arrestado o se ha declarado en bancarrota. Las agencias de informe de crédito recopilan estos datos y se los venden a acreedores, empleadores y aseguradores, entre otros. Las tres principales agencias de informe de crédito que usted puede llamar son:

Equifax: 1-800-685-1111 o www.equifax.com (en inglés) Para colocar una alerta de fraude, llame al 1-888-766-0008.

Experian: 1-888-397-3742 o www.experian.com (en inglés)

TransUnion: 1-800-916-8800 o www.transunion.com (en inglés). Para colocar una alerta de fraude, llame al 1-800-680-7289.

Puntaje de crédito (FICO)

La información en su informe de crédito se utiliza para calcular su puntaje de crédito FICO, un número generalmente entre 300 y 850. Cuanto mayor sea la puntaje

INFORMES DE CRÉDITO GRATUITOS

Usted puede solicitar cada año un reporte de crédito gratuito de las tres principales agencias de informe de crédito: Equifax, Experian y Transunion. Una buena estrategia es solicitar uno de los reportes cada cuatro meses, para así poder monitorear su crédito a lo largo del año sin tener que pagar por el reporte. (Si usted pide el reporte directamente a las agencias le cobrarán por el servicio). Para solicitar su reporte gratuito, visite a www.annualcreditreport.com (en inglés) o llame al 1-877-322-8228. Pregunte también acerca de los informes especializados sobre el consumidor (pág. 34).

que usted obtenga, menor será el riesgo que represente para los acreedores. Un puntaje alto, por ejemplo, le facilitará obtener un préstamo, alquilar un departamento o conseguir una tasa de interés más baja. Su puntaje FICO está disponible por un costo en espanol.myfico.com. Los informes de crédito gratuito no contienen su puntaje de crédito, pero usted puede pagar para obtenerlo cuando solicita su informe de crédito anual a través de www.annualcreditreport.com (en inglés).

Consejos para obtener un mejor puntaje de crédito

- Pague sus cuentas a tiempo. Las cobranzas y los pagos en mora afectan negativamente su puntaje.
- Mantenga bajos sus saldos de cuentas de tarjeta de crédito y otros créditos renovables. Las deudas altas pendientes de pago disminuyen su puntaje de crédito.
- Solicite y obtenga nuevas líneas de créditos solamente si es necesario. No abra una cuenta solo para obtener un mejor crédito ya que es probable que no incremente su puntaje.
- Pague la totalidad de su crédito en lugar de cambiar de acreedor.

No existe una forma fácil o inmediata para mejorar su historial de crédito. Desconfíe de arreglos que le ofrecen una solución rápida y fácil. Su mejor aliado es el tiempo.

Información negativa en su informe de crédito

Los datos negativos permanecen en su historial según el tipo de información:

- Información negativa sobre el uso de crédito: hasta 7 años
- Bancarrota: hasta 10 años
- Gravámenes sobre impuestos pagados: hasta 7 años
- Gravámenes sobre impuestos no pagados: indefinidamente

La información sobre una demanda o sentencia en su contra que no haya sido cancelada puede permanecer en el informe durante siete años o hasta que caduque la ley de prescripción (el periodo que sea mayor). Los nombres de las empresas que hayan solicitado su informe de crédito permanecen por dos años.

CRÉDITO

> **¡ALERTA! TARJETAS PERDIDAS Y ROBADAS**
>
> Si usted sospecha que ha perdido o le han robado la tarjeta de crédito llame inmediatamente a la compañía emisora de la tarjeta. En cuanto reporte la pérdida o robo de la tarjeta, usted ya no es responsable de cargos no autorizados. De cualquier manera, en estos casos su responsabilidad máxima bajo la ley federal es de $50 por tarjeta.

Si alguien le negara crédito, vivienda, seguro o empleo a consecuencia de un informe de crédito negativo, deberá darle a usted el nombre, domicilio y número telefónico de la agencia que le proporcionó dicho informe. Según la Ley de Informes de Crédito Justos (FCRA, sigla en inglés), usted tiene 60 días para solicitar su derecho a un informe de crédito gratis después de que una compañía le niegue un crédito basándose en su informe crediticio. Si en su informe de crédito aparece información inexacta:

- Comuníquese tanto con la agencia de información de crédito como con la compañía que le suministró la información a la agencia.
- Notifique a la agencia de informe de crédito por escrito la información que usted considera que es inexacta.

Según la misma ley federal, el proveedor de dicha información deberá investigar y notificar los resultados a la agencia de informe de crédito. Si se llega a la conclusión de que la información es incorrecta, el proveedor deberá notificar a todas las agencias de informe de crédito que operan a nivel nacional para que su expediente sea corregido. Si la investigación no resuelve su problema, solicite que su declaración sobre la disputa sea incluida en su expediente. Cada vez que la agencia reporte la información negativa, deberá incluir una notificación sobre su disputa.

Si la información negativa es correcta, solamente el tiempo, mucho esfuerzo y un plan de pago personalizado de su deuda podrán mejorar su informe de crédito. Existen compañías de reparación de crédito que prometen eliminar su mal crédito a cambio de una suma considerable. No crea lo que le dicen. Según la Ley de Organizaciones de Reparación de Crédito, las compañías de reparación de crédito no pueden exigirle que usted pague hasta que estas no hayan concluido los servicios acordados. Asimismo, deberán darle:

- Una copia del manual "Derechos Crediticios de los Consumidores Bajo la Ley Estatal y Federal" antes de que usted firme un contrato
- Un contrato por escrito en el que se detallen sus derechos y obligaciones
- Tres días para anular sin tener que pagar ningún tipo de honorarios

Algunas compañías de reparación de crédito prometen ayudarlo a establecer una identidad crediticia totalmente nueva. Tenga en cuenta que usted puede ser acusado de fraude si utiliza el correo o el teléfono para solicitar crédito suministrando información falsa. También constituye un delito federal mentir en una solicitud de préstamo o de crédito, suministrar un número de Seguro Social falso u obtener de manera fraudulenta un Número de Identificación de Empleador del Servicio de Impuestos Internos. Si usted ha perdido dinero a consecuencia de haber sido engañado por una compañía de reparación de crédito, diríjase a su oficina estatal o local de protección al consumidor.

MANEJO DE DEUDA

Si usted quiere reducir la cantidad de su deuda, puede empezar a trabajar en ello por cuenta propia. Primero, desarrolle un presupuesto realista para que pueda ver sus ingresos y gastos en un mismo lugar y buscar modos de ahorrar dinero. Para crear un presupuesto con ayuda, vea este PDF: www.consumidor.gov/sites/default/files/spdf-1020-haga-un-presupuesto.pdf. También comuníquese con sus acreedores y avíseles cuando tenga dificultad para realizar sus pagos. Ellos podrían modificar su plan de pago.

Cobro de deudas

La Ley de Prácticas Justas en el Cobro de Deudas se aplica a quienes, en nombre de los acreedores, se dedican a cobrar deudas personales y familiares por préstamos para la compra de autos, hipotecas, cuentas de crédito y dinero adeudado por facturas médicas. Un cobrador de deudas es alguien que ha sido contratado para cobrar el dinero que usted debe.

Luego de que el cobrador se haya puesto en contacto con usted por primera vez, este tiene cinco días para enviarle una notificación indicando el nombre del acreedor, la cantidad de la deuda y lo que debe hacer usted si considera que no debe tal dinero. Si usted debe ese dinero en forma total o parcial, comuníquese con el acreedor para acordar el pago. Si usted considera que no debe el dinero, comuníquese con el acreedor por escrito y envíe una copia a la agencia de cobro junto con una carta en la que solicite que no lo contacten más.

Un cobrador de deudas no podrá:

- Comunicarse con usted en horas poco razonables, como por ejemplo, antes de las 8 am o después de las 9 pm, a menos que usted esté de acuerdo.
- Comunicarse con usted en su trabajo, si usted ya le ha indicado que su empleador no le permite ese tipo de situaciones.
- Comunicarse con usted con posterioridad al envío de la carta en que usted solicitó que no lo contacten, excepto para notificarle que el cobrador o acreedor tiene planes de llevar a cabo una medida específica.

CRÉDITO

- Comunicarse con sus amigos, familiares, con su empleador u otros, excepto para averiguar su domicilio y lugar de trabajo.
- Hostigarlo con amenazas de perjudicarlo, mediante lenguaje grosero o con reiteradas llamadas telefónicas.
- Amenazarlo con arrestarlo o decir otras falsedades.
- Amenazarlo con deducir dinero de su salario o demandarlo, a menos que la agencia de cobro o el acreedor considere proceder de tal forma, y que esto sea legal.

Para presentar una queja, comuníquese con su agencia estatal o local de protección al consumidor o con la Comisión Federal de Comercio (pág. 73).

Servicios de asesoramiento de crédito

Existen servicios de asesoramiento para ayudar a las personas a preparar un presupuesto y pagar sus cuentas. Entre las instituciones que ofrecen asesoramiento de crédito, gratuito o a bajo costo, se encuentran las cooperativas de crédito, las oficinas de extensión, centros de servicio para familias militares y organizaciones religiosas.

Algunas agencias locales sin fines de lucro ofrecen programas educativos sobre el manejo de dinero y ayuda en el desarrollo de planes de pago de deudas. Asegúrese que sean acreditadas por el Consejo de Acreditación o la Organización Internacional para la Estandarización. El consultor también debe estar certificado por la Asociación de Agencias Independientes de Asesoramiento Crediticio para el Consumidor o la Fundación Nacional para el Asesoramiento Crediticio.

Por lo general, una compañía que brinda servicio de asesoramiento negociará pagos más bajos con sus acreedores y luego hará los pagos utilizando el dinero que usted le enviará mensualmente. El costo de establecer este plan de administración de deudas no corre por cuenta suya sino del acreedor. Para encontrar la mejor compañía de asesoramiento en su caso, haga las siguientes preguntas:

- ¿Qué servicios ofrecen? Busque una organización que ofrezca asesoramiento sobre presupuesto y clases sobre administración de dinero, así como un plan de administración de deudas.
- ¿Ofrecen información gratuita? No utilice los servicios de organizaciones que cobran por brindar información o que primero piden muchos detalles sobre su problema.
- ¿Cuáles son sus honorarios? ¿Existen cargos iniciales o mensuales? Tenga cuidado con las agencias que cobran cargos altos al principio.
- ¿Cómo funcionará el plan de administración de la deuda? ¿Qué deudas pueden ser incluidas en el plan? ¿Recibiré informes periódicos en mis cuentas?
- Pregunte si el asesor puede lograr que sus acreedores bajen o eliminen los intereses y cargos de su deuda. Si le responden que sí, verifíquelo con sus acreedores.
- Pregunte qué sucedería si usted no pudiera hacer los pagos. Si una organización le responde que no lo ayudará porque usted no puede pagar, busque ayuda en otro lugar.
- ¿Lo ayudará su asesor a evitar problemas futuros? Obtener un plan para evitar la acumulación de deudas en el futuro es tan importante como resolver el problema de la deuda inmediata.
- Solicite un contrato. Todas las promesas verbales deberán figurar por escrito antes de que usted realice cualquier pago.
- ¿Están acreditados o certificados sus asesores? Las agencias legítimas de asesoramiento de crédito están afiliadas a la Fundación Nacional de Asesoramiento de Crédito o a la Asociación de Agencias Independientes de Asesoramiento sobre Créditos al Consumidor.

Consulte los registros de quejas en su oficina local de protección al consumidor (pág. 79) y de la Oficina de Buenas Prácticas Comerciales (pág. 79) para comprobar si se han presentado quejas contra la compañía en cuestión.

Si tiene dudas acerca de una agencia de asesoría crediticia o de proveedores de consultoría de crédito, comuníquese con el Programa de Fiduciarios de EE.UU. (www.justice.gov/ust en inglés o 202-514-4100).

Bancarrota personal

Por lo general, declarar la quiebra debe ser considerado como un último recurso para saldar deudas porque sus consecuencias negativas son duraderas y mayores. La Ley de Prevención del Abuso de Quiebra y Protección al Consumidor de 2005 estableció reglas más estrictas para los consumidores y abogados.

El proceso para declarar la quiebra es ahora más difícil para los deudores:

- Los deudores deben presentar más documentos, incluso declaraciones detalladas del ingreso neto mensual, prueba de ingreso (recibos de pago) de los últimos 60 días y declaraciones de impuestos del año anterior (cuatro años para la bancarrota contemplada en el Capítulo 13).
- Para saldar las deudas, los deudores deben recibir asesoramiento de crédito antes de declararse en quiebra y un curso educativo posterior.
- Los deudores deben afrontar cargos más altos para declararse en quiebra, además de los cargos por el asesoramiento de crédito y el curso educativo.
- La solicitud y el proceso de quiebra son más complicados, por lo que resulta muy difícil declararla sin la ayuda de un abogado. Los abogados podrían ser sancionados si cometen errores en el proceso.

El proceso para los abogados:

- La firma de un abogado en una solicitud certifica que el abogado ha realizado una investigación razonable de las circunstancias que dieron origen a la solicitud.

EDUCACIÓN

- Los abogados deben revisar cuidadosamente documentos tales como las declaraciones de impuestos y los recibos de pago, además de solicitar informes de crédito a los clientes.

PRÉSTAMOS

Existen diferentes tipos de préstamo. Un préstamo garantizado es un tipo de préstamo donde usted pone como garantía un bien como una casa o un auto. Si usted no puede devolver el dinero prestado, el prestamista tomará su garantía para recuperar su dinero. Otros tipos de préstamo son los préstamos no asegurados que no utilizan la propiedad como garantía o colateral. Los prestamistas consideran estos más riesgosos que los préstamos asegurados, por lo tanto cobran una tasa de interés más alta por ellos. La mayoría de las tarjetas de crédito son préstamos no asegurados, aunque algunos consumidores tienen tarjetas de crédito aseguradas. Los dos tipos de préstamo asegurado más comunes son los préstamos con una garantía hipotecaria y los préstamos a plazos.

Préstamos sobre el valor acumulado de la vivienda

Un préstamo sobre el valor acumulado de la vivienda le permite usar su casa como garantía. Este tipo de préstamo comúnmente es usado para pagar gastos mayores, como educación, cuentas médicas y reparaciones de la casa. Antes de tomar un préstamo con garantía hipotecaria, considérelo cuidadosamente porque si no puede pagar el préstamo a tiempo, usted puede perder su casa.

Los préstamos sobre el valor acumulado de la vivienda pueden ser: una línea de crédito renovable automáticamente o un préstamo único y limitado. El crédito renovable automáticamente le permite determinar cuándo y cuán a menudo puede tomar préstamos sobre el valor acumulado de su vivienda. Con un préstamo limitado usted recibe una suma única para un fin determinado, por ejemplo: una remodelación o sus estudios. Solicite primero este tipo de préstamo a través de su banco o una cooperativa de crédito. Es probable que le cobren menos que en una compañía financiera.

Consulte la sección "Vivienda" (pág. 58) para obtener información útil sobre la compra, arrendamiento o reparación de una casa.

Préstamos a plazos

Los préstamos a plazo son préstamos que se pagan en un periodo determinado con cierta cantidad de pagos programados. Antes de firmar un contrato de préstamo para comprar vivienda, vehículo o cualquier otro artículo importante, asegúrese de comprender bien todas las cláusulas y condiciones impuestas por la entidad crediticia, que incluyen:

- La cantidad exacta del préstamo
- Las cantidades y fechas de vencimiento de los plazos de pago
- El costo total del financiamiento, es decir, la cantidad total que deberá pagar en intereses y cargos para obtener el préstamo
- La tasa de interés anual, que es la tasa de interés que usted pagará durante todo el tiempo de duración del préstamo
- Recargos por pagos atrasados
- Las acciones que puede tomar la entidad crediticia si usted no puede pagar el préstamo
- Sanciones por el pago anticipado del préstamo

La Ley de Veracidad en Préstamos obliga a las entidades crediticias a proporcionar esta información para que usted pueda comparar distintas ofertas.

El Departamento de Educación brinda información para ayudar a los estudiantes a financiar su educación superior a través de programas de ayuda federal (www.studentaid.ed.gov/es). En el sitio web encontrará una calculadora para ayudarlo a determinar el costo de la educación, cuánto necesita ahorrar y cuánta ayuda necesitará.

CÓMO FINANCIAR LA EDUCACIÓN SUPERIOR

Planes 529

Varios gobiernos estatales han creado programas para que sea más fácil ahorrar para la educación de los hijos. Estos planes, conocidos como Planes 529, son patrocinados por los estados o las instituciones de educación superior. Existen dos tipos de planes: los planes de matrícula prepagados y los planes de ahorro universitario. Cada plan tiene sus propias reglas y los detalles varían según cada estado. Para más información sobre los Planes 529 visite www.collegeboard.com/padres/pagar/vision-de-conjunto/35271.html.

Ayuda financiera

Una amplia variedad de fuentes ofrece asistencia financiera para estudiantes, entre las que están incluidas el Gobierno federal, los estados, las universidades y los

EDUCACIÓN

¡ALERTA! CUIDADO CON LAS ESTAFAS SOBRE BECAS

Algunas empresas cobran por ayudarlo a conseguir asistencia financiera para la universidad. Si una compañía pide que le pague por adelantado, pero no cumple en su promesa de ayudarlo a conseguir una beca, podría tratarse de una estafa.

Algunas señales de advertencia que debe tener en cuenta:

- **Garantía de devolución de dinero.** Algunas compañías inescrupulosas dicen que le devolverán su dinero, pero establecen condiciones que hacen imposible obtener el reembolso.
- **Becas secretas.** Desconfíe de una compañía que dice tener información privilegiada sobre alguna beca.
- **Compañías que piden un pago "mensual" o "semanal" por sus servicios.**

Usted puede obtener información gratuita sobre becas de un consejero de la escuela, la biblioteca y el Departamento de Educación (pág. 74). También puede saber más sobre estas estafas en www.studentaid.ed.gov/es/types/scams o si ha sido una víctima de una estafa puede informar a la Comisión Federal de Comercio en www.ftccomplaintassistant.gov/Consumer_HomeES.htm.

---

institutos superiores, además de numerosas agencias y organizaciones públicas y privadas. Las formas de asistencia para estudiantes están divididas en cuatro categorías básicas:

- **Subvenciones.** Las donaciones no se devuelven y generalmente se dan según la necesidad económica, al menos en parte.
- **Trabajo y estudio.** El programa federal de trabajo y estudio es una fuente de asistencia financiera federal que se usa para compensar los costos de la educación. Los estudiantes asisten a la universidad y trabajan para ganar dinero. El dinero no se devuelve.
- **Préstamos.** Como regla general los préstamos para estudiantes tienen plazos y tasas de interés mucho más favorables que los préstamos tradicionales. Y los estudiantes no tienen que devolver sus préstamos mientras estén matriculados en clases.
- **Becas.** Ofrecidas por universidades, organizaciones locales o comunitarias, instituciones privadas y fideicomisos. Las becas no se devuelven y generalmente se dan según criterios determinados.

Solicitud de ayuda federal

Complete y presente la solicitud gratuita de Ayuda Federal para Estudiantes (FAFSA, sigla en inglés). Visite www.fafsa.gov/es_ES para pedir ayuda.

Beneficios tributarios para la educación

El Gobierno federal le permite recibir créditos tributarios, deducciones o planes de ahorro que lo pueden ayudar con sus gastos de educación superior. Los créditos tributarios pueden reducir la cantidad de impuestos por ingreso que tiene que pagar, mientras que las deducciones reducen la cantidad de su ingreso que está sujeto a impuestos. Para obtener información sobre los tipos específicos de estos créditos y deducciones, visite www.irs.gov/uac/Newsroom/Beneficios-Tributarios-para-Los-Estudios-Superiores.

Centro de Información sobre Ayuda Federal para Estudiantes

El Centro de Información sobre Ayuda Federal para Estudiantes (FSAIC, sigla en inglés) puede responder a sus preguntas sobre ayuda financiera y ayudarlo gratis. Usted también puede usar el sistema automatizado de respuesta para averiguar si su solicitud ha sido procesada o para solicitar una copia de su Informe de Ayuda Estudiantil (SAR, sigla en inglés). Para información de contacto, vea la pág. 75.

Plan de pago de préstamos federales

- **Programa de Condonación de Préstamos por Servicio Público.** Ofrece la condonación de préstamos federales a personas que trabajan tiempo completo en un puesto de servicio público.
- **Plan de Pago Basado en los Ingresos.** Ayuda a las personas con ingresos bajos a manejar sus pagos para cancelar el préstamo estudiantil.

Ambos programas ofrecen beneficios generosos, pero las reglas pueden parecer complejas, por lo que es importante obtener todos los detalles. Para más información acerca de estos programas y otras opciones para pagar lo que adeuda, consulte:

- Departamento de Educación de EE.UU. Ayuda Federal para Estudiantes: www.studentaid.ed.gov/es/repay-loans
- Asociación Nacional de Administradores de Ayuda Financiera Estudiantil: www.nasfaa.org (en inglés)

¿CÓMO ELEGIR UNA CARRERA?

La Oficina de Estadísticas Laborales tiene una base de datos con los perfiles de cientos de carreras y explica las responsabilidades de cada una, el nivel académico de ingreso y el salario promedio de cada profesión. Si usted está interesado en conocer más sobre una carrera, visite www.bls.gov/es/ooh.

EDUCACIÓN

Cómo comparar préstamos para estudiantes

La Oficina para la Protección Financiera del Consumidor (CFPB, sigla en inglés) ofrece información para comparar diferentes tipos de ayuda financiera. Visite www.consumerfinance.gov/es y haga clic en "Pagar la universidad".

Morosidad en préstamos estudiantiles

Usted puede tomar medidas para no faltar a su obligación financiera de un préstamo estudiantil. Antes de que usted obtenga el préstamo, determine la cantidad de dinero que necesita tomar prestado y solo tome un préstamo por esa cantidad. Cuando reciba el préstamo, asegúrese de entender los detalles del acuerdo como los términos de pago y el tipo de préstamo que usted tiene. Antes de pagar su préstamo estudiantil, tenga en cuenta lo siguiente:

- Mantenga los archivos exactos de su préstamo, inclusive el acuerdo de préstamo, las tasas de interés y números de cuenta.
- Haga seguimiento de sus préstamos para estar actualizado sobre la cantidad que debe.
- Asegúrese de que la persona a cargo de su préstamo tenga su información de contacto y los datos de su cuenta bancaria actualizados (si los pagos son retirados automáticamente de su cuenta).

Si usted figura como moroso, esto significa que usted dejó de hacer pagos por su préstamo estudiantil según estaba programado. Su préstamo pasa a estar en mora el primer día después de haber olvidado un pago. Sin embargo, el préstamo no vence hasta que hayan pasado 270 días sin un pago. Las consecuencias de faltar sus pagos pueden ser severas, incluyendo:

- Todo el saldo de su préstamo y cualquier interés se vencerán inmediatamente y usted estará sujeto a pagar de inmediato.
- La cuenta de su préstamo será asignada a una agencia de cobros.
- Su préstamo será reportado a las agencias de crédito como moroso, dañando puntaje crediticio
- Sus impuestos federales y estatales serán retenidos a través de una compensación de impuestos. Esto quiere decir que el Servicio de Impuestos Internos puede tomar su reembolso para cobrar cualquier deuda de préstamo estudiantil que usted tenga en mora.
- Su empleador puede retener dinero de su pago y enviársela al Gobierno. Este proceso se llama embargo de salario.

Si usted tiene dificultades en hacer sus pagos, comuníquese inmediatamente con el administrador de su préstamo. El administrador posiblemente pueda ayudarlo haciendo modificaciones en su plan de pago, cambiando la fecha de vencimiento, consiguiendo un aplazamiento o indulgencia, o bien logrando la consolidación de sus préstamos estudiantiles.

Para obtener información sobre cómo evitar el incumplimiento de un pago, visite studentaid.ed.gov/es/repay-loans/default.

CONSEJOS PARA SOLICITAR AYUDA FINANCIERA

Lo primero que deben saber los estudiantes sobre la solicitud gratuita de ayuda federal para estudiantes (FAFSA, sigla en inglés) es que es gratis. Existen compañías que cobran entre $75 y $500 por ayudarlo con la solicitud, pero no es necesario contratar los servicios de una tercera persona porque la solicitud es fácil de llenar. Además, la solicitud está disponible en español (fafsa.ed.gov/es_ES/contact.htm).

Un estudiante puede llenar las 100 preguntas y mandar la FAFSA a partir de enero de cada año si busca matricularse el siguiente año escolar, es decir, en septiembre. Pero hay que prestar atención especial a los plazos. Las fechas límites para entregar la solicitud pueden variar porque en muchos casos dependen de los plazos requeridos por el gobierno federal, estatal o incluso las instituciones educativas. Hay otra razón para presentarla lo más pronto posible: la ayuda disponible es limitada.

Algunas universidades privadas calculan la ayuda financiera que ofrecerán a un estudiante en base a la FAFSA. Los estudiantes que tardan en presentarla corren el riesgo de que se termine el dinero que tenía designado la escuela.

Llenar la solicitud por Internet

La gran mayoría de los estudiantes llenan la solicitud por Internet y hay varias razones para esto:

- Menos errores: la solicitud advertirá a los estudiantes si olvidaron llenar una casilla
- Más eficiencia: la solicitud digital registra las respuestas y no pregunta cosas que no se aplican a ese estudiante.
- Ayuda en español: las personas que tienen preguntas pueden hacerlas en español con expertos por chat, e-mail o teléfono.
- Mayor rapidez: el estudiante se ahorra tiempo y puede enviar su solicitud directamente por Internet

La versión digital de la solicitud detectará si el estudiante olvidó llenar una casilla, pero no detectará si la persona cometió un error, como escribir información equivocada. Algunos de los errores más comunes son escribir mal la fecha de nacimiento o el número de Seguro Social.

ELECTRICIDAD, GAS NATURAL Y AGUA

CONSEJOS PARA AHORRAR ENERGÍA

Usted puede reducir los gastos de energía durante todo el año si realiza algunas modificaciones simples en su hogar:

- Reemplace las bombillas convencionales por bombillas fluorescentes compactas, las cuales duran entre 6 a 12 veces más. Apague las luces que no utilice.
- Instale un termostato programable en su sistema de calefacción y mantenga las puertas y ventanas cerradas mientras usa el sistema. Cambie con frecuencia los filtros de la calefacción. Haga lo mismo en el verano con el aire acondicionado.
- Mantenga el termostato de su calentador de agua a 120°F. Aunque muchos calentadores llegan con el termostato en 140°F, bajar la temperatura 20 grados le seguirá dando suficiente agua caliente y le ahorrará dinero.
- Encienda el extractor de aire del baño o la cocina solo cuando sea necesario.
- Repare las fugas de agua en los baños, la cocina, la lavandería, etc.
- Enchufe el calentador portátil, el televisor y el cargador de celular a un tomacorriente múltiple. Apague el interruptor cuando no use estos aparatos.

Si piensa reemplazar sus aparatos eléctricos, asegúrese de que los nuevos tengan la etiqueta de ENERGY STAR® (pág. 72). Estos productos son más eficientes en el uso de energía.

ELECTRICIDAD, GAS NATURAL Y AGUA

En algunos estados, los consumidores pueden elegir su proveedor de servicios de energía, agua y teléfono. Comuníquese con la comisión de servicios públicos de su estado (pág. 79) para averiguar si tiene esta opción. Algunas comisiones le dan una lista de los proveedores de servicio y lo asesoran con respecto a su elección. La mayoría de las comisiones de servicios públicos estatales también reciben cualquier queja que usted tenga sobre la administración y venta de servicios públicos.

INSTALACIÓN DE SERVICIOS PÚBLICOS

Cuando se muda a una casa o apartamento nuevo, posiblemente tenga que solicitar una cuenta nueva a su nombre para recibir cada servicio público (electricidad, agua, gas natural, recojo de basura o cable). El Gobierno local de su ciudad o condado podría estar a cargo de ciertos servicios, como por ejemplo agua, desagüe y recolección de basura. Si usted vive en un apartamento o una casa arrendada, el dueño de la propiedad podría encargarse de esto por usted aunque no es algo requerido.

En caso de requerir bajo su nombre la instalación de uno de estos servicios, notifique a la empresa a cargo del servicio público con la mayor anticipación posible, mínimo una semana antes de la fecha que usted quiera que el servicio comience. En caso de un traslado, no se olvide de cancelar el servicio contratado en su dirección anterior.

Cada compañía puede requerir de un pago por la instalación del servicio, un depósito, la revisión de su informe de crédito o todos estos requisitos. Si una compañía no cumple con los requerimientos del servicio, presente una queja ante la compañía. Usted podría recibir un reembolso por el cargo de instalación que haya pagado. Si no puede resolver su queja, comuníquese con la comisión de utilidades en su estado (pág. 79)

FACTURACIÓN

Cuando usted tenga un servicio establecido, empezará a recibir sus recibos de cuenta con regularidad, por lo general mensualmente o cada tres meses. Las cuentas de servicios públicos están basadas en la cantidad de energía o agua que usted consume. Sin embargo, si usted vive en un edificio de apartamentos, la cantidad

AYUDA PARA PAGAR SUS CUENTAS DE ENERGÍA

Existen programas disponibles para las personas que tienen dificultades para pagar sus cuentas de electricidad o gas. Póngase en contacto con la compañía de energía que le da el servicio o la agencia de utilidades de su estado (pág. 79) y averigüe si tienen un programa de ayuda a los consumidores que le permita reducir su factura o hacer pagos fijos basados en sus ingresos mensuales. Usualmente los programas de ayuda se basan en sus ingresos.

El Programa de Asistencia para Energía a los Hogares de Bajos Recursos (LIHEAP, sigla en inglés) también ayuda a las familias que califican a pagar sus gastos de energía. Los beneficios varían en cada estado. Para obtener más información, visite es.benefits.gov/benefits/benefit-details/623 o llame gratis al 1-866-674-6327.

EMPLEO

que usted paga por algunos servicios públicos podría estar prorrateada o fraccionada, en base a una fórmula matemática, entre todos los residentes de su comunidad, sin importar su consumo de agua, la electricidad o el gas. Si su consumo de energía varía por temporada, usted puede decidir inscribirse en un programa de facturación de presupuesto. Estos programas le permiten hacer pagos mensuales similares al pagar más durante los meses de menor consumo para contrarrestar las facturas de los meses de mayor gasto. Comuníquese con sus compañías de servicios públicos para participar de estos programas. Para aprender formas de ahorrar en su cuenta de energía, vea "Medio Ambiente" (pág. 31).

Además de su servicio actual, usted puede tener otros cargos en su factura, tales como los cargos administrativos, recargos públicos o impuestos locales. Comuníquese con su proveedor de servicio si encuentra cargos que usted no entiende o no autorizó, o si usted tiene dificultad para hacer sus pagos a tiempo.

EMPLEO

Existen numerosos sitios web que anuncian puestos de trabajo dentro de la industria privada. Muchas compañías ofrecen maneras de solicitar empleo también por Internet. Sin embargo, estos sitios web no sustituyen las formas tradicionales y comprobadas para la búsqueda de empleo, tales como: conocer personas dentro de la profesión, pertenecer a organizaciones profesionales y realizar entrevistas.

AGENCIAS DE EMPLEO

Si usted está buscando empleo es posible que se encuentre con anuncios de agencias o llamadas de reclutadores o cazatalentos que prometen oportunidades fabulosas. Aunque algunas compañías verdaderamente quieran ayudarlo, otras están más interesadas en su dinero. Tenga cuidado con:

- Las promesas de conseguirle un empleo y un ingreso garantizado.
- Los honorarios por adelantado, incluso cuando se le garantiza que recibirá un reembolso si usted no queda satisfecho.
- Las agencias de empleo con avisos publicitarios que parecen una oferta de trabajo.
- Promociones de trabajos gubernamentales "no publicados anteriormente". Todos los empleos federales se anuncian al público en inglés en www.usajobs.gov.

Obtenga una copia del contrato de la agencia de empleos y examínelo cuidadosamente antes de pagar algún costo. Averigüe en la oficina de protección al consumidor de su estado, así como en la Oficina de Buenas Prácticas Comerciales (pág. 79), si se han presentado quejas contra una compañía en particular.

La Comisión Federal de Comercio investiga a aquellas empresas que, de manera fraudulenta, anuncian posibilidades de trabajo y garantizan empleos. Si tiene alguna queja, póngase en contacto con esta comisión (pág. 73).

COMPAÑÍAS DE TRABAJO DESDE CASA

No todas las oportunidades de trabajar desde casa cumplen con sus promesas. Algunos esquemas clásicos de "trabajo desde casa" son la facturación médica, la preparación de sobres y el ensamblado o trabajo artesanal. Los anuncios de estos negocios dicen: "Forme parte de una de las industrias de crecimiento más rápido de América. ¡Gane miles de dólares por mes desde su casa!" Los promotores de programas legítimos de "trabajo desde casa" deben informarle, por escrito, de

---

LOS EMPLEADORES REVISAN SU HISTORIAL DE CRÉDITO

Muchos empleadores no solo leen el currículum de quienes solicitan empleo, sino también el historial de crédito para averiguar:

- si el candidato paga sus cuentas a tiempo
- cuánto dinero debe
- si alguien lo ha demandado

Los empleadores deben notificar al candidato y pedirle permiso antes de solicitar o utilizar el informe de crédito. Obtenga una copia de su informe de crédito antes de buscar empleo para saber qué información recibirán los posibles empleadores y si encuentra algún error poder corregirlo.

Si la empresa decide no contratarlo debido a su informe de crédito, es necesario que se lo comuniquen y que le den información para pedir un informe de crédito gratis así como sus derechos para corregir cualquier error.

Para más información sobre lo qué hay que saber cuando busca trabajo, lea www.consumidor.ftc.gov/articulos/s0269-que-hay-que-saber-cuando-busca-trabajo.

EMPLEO

CAREERONESTOP LO PUEDE AYUDAR A ENCONTRAR EMPLEO

CareerOneStop (www.careeronestop.org, en inglés) es una herramienta auspiciada por el Departamento del Trabajo que ayuda a las personas que buscan empleo, estudiantes y profesionales que desean ampliar sus conocimientos o empresas que necesitan contratar a un empleado.

Si usted está buscando trabajo CareerOneStop puede ayudarlo a:

- explorar carreras
- determinar un sueldo o salario
- elaborar un currículo
- buscar trabajo
- prepararse para una entrevista

Además de contar con la preparación necesaria para encontrar un trabajo, con CareerOneStop usted también tiene acceso a una serie de recursos que le brindan la oportunidad de participar en programas educativos para actualizar sus destrezas y conocimientos en otras áreas, como clases, talleres y certificados técnicos.

qué se trata el programa que venden. Estas son algunas preguntas que usted puede hacer:

- ¿Qué tareas deberé realizar? Pida al promotor del programa que enumere cada paso del trabajo.
- ¿Me pagarán un salario o me pagarán por comisión?
- ¿Quién me pagará?
- ¿Cuándo recibiré el primer cheque de pago?
- ¿Cuál es el costo total del programa de "trabajo desde casa", incluidos los suministros, el equipo y las cuotas de membresía? ¿Qué obtendré por mi dinero?

Las respuestas a estas preguntas pueden ayudarlo a determinar si un programa de "trabajo desde casa" es adecuado para sus circunstancias y si dicho programa es legítimo.

Mercadeo en red

Algunos planes de mercadeo en red son legítimos. Sin embargo, otros son esquemas de pirámides ilegales. En las pirámides, las comisiones se basan en la cantidad de distribuidores que se recluten y no en los productos que se venden.

Si piensa unirse a lo que aparenta ser un plan legítimo de mercadeo en red, tómese su tiempo para estudiar el plan. Estas son algunas de las preguntas a considerar:

- ¿Cuál es la trayectoria de la empresa?
- ¿Qué productos vende?
- ¿Vende productos al público en general?
- ¿Tiene pruebas que confirmen las afirmaciones que hace sobre su producto?
- ¿Tiene el producto un precio competitivo?
- ¿Es probable que el producto atraiga una base grande de clientes?
- ¿Cuánto cuesta unirse al plan?
- ¿Se requiere un mínimo de ventas mensuales para ganar una comisión?
- ¿Deberá usted reclutar distribuidores nuevos para ganar su comisión?

Oportunidades de negocio por Internet

Muchas oportunidades de negocio a través de Internet son estafas que prometen más de lo que pueden cumplir. Las empresas atraen a los aspirantes a empresarios con promesas falsas de obtener muchas ganancias con poco esfuerzo. Algunos consejos para encontrar una oportunidad legítima:

- Analice cuidadosamente la promoción.
- Estudie el documento informativo de la oportunidad de negocio.
- Obtenga las afirmaciones de ganancias por escrito y compárelas con las de otros dueños de franquicias y negocios similares.
- Entrevístese en persona con los compradores anteriores, si es posible, en el lugar donde tienen su negocio.
- Comuníquese con su agencia local de protección al consumidor y la Oficina de Buenas Prácticas Comerciales (pág. 79) para averiguar si hay registros de quejas sin resolver.
- Si la oportunidad de negocio incluye la venta de productos de empresas conocidas.

DISCRIMINACIÓN EN EL TRABAJO

Existen leyes federales que prohíben la discriminación en el empleo por raza, color, religión, sexo u origen nacional. La Comisión para la Igualdad de Oportunidades en el Empleo (www.eeoc.gov/spanish) se encarga de hacer cumplir estas leyes. Si usted considera que ha sido víctima de discriminación puede presentar una queja ante la comisión.

La Junta Nacional de Relaciones del Trabajo (JNRT) controla la aplicación de la Ley Nacional de Relaciones del Trabajo que gobierna las relaciones entre las empresas, los sindicatos y los trabajadores. Si usted tiene una pregunta sobre su trabajo o un problema laboral visite el sitio web www.nlrb.gov/espanol.

Si usted tiene una pregunta sobre su elegibilidad para trabajar en Estados Unidos ya sea como trabajador temporal, permanente o para conseguir una autorización de empleo, visite el sitio web del Servicio de Ciudadanía e Inmigración de Estados Unidos (www.uscis.gov/es/trabajar-en-los-estados-unidos).

INMIGRACIÓN Y CIUDADANÍA

- Consulte a un abogado, contador u otro asesor comercial antes de realizar un anticipo de dinero o de firmar algún documento.
- Tómese su tiempo. Es probable que los promotores de oportunidades fraudulentas utilicen tácticas de venta agresivas para inducirlo a comprar. Si la oportunidad de negocio es legítima, seguirá estando disponible cuando usted esté preparado para decidir.

DESEMPLEO

El Programa de Seguro de Desempleo del Gobierno proporciona beneficios para los trabajadores que han perdido el empleo por causas ajenas a ellos y que cumplen otros requisitos para ser elegibles. Cada estado administra su propio programa siguiendo las directrices federales. Los requisitos de elegibilidad, el monto y la duración de los beneficios varían en cada estado. Para obtener más información, visite es.benefits.gov/benefits/benefit-details/91.

Además, algunos estados están extendiendo los beneficios por desempleo hasta por 13 semanas adicionales para beneficiarios elegibles. Para obtener información actualizada, visite www.workforcesecurity.doleta.gov (en inglés).

INMIGRACIÓN Y CIUDADANÍA

Usted mismo puede preparar y presentar su solicitud o petición ante el Servicio de Ciudadanía e Inmigración de Estados Unidos (USCIS, sigla en inglés). Esta agencia tiene un sitio web en español (www.uscis.gov/es) que ofrece información y formularios de inmigración. Usted también puede utilizar los servicios de un abogado o de un representante autorizado de una organización de inmigración reconocida por la Junta de Apelaciones de Inmigración (BIA, sigla en inglés). Lea la sección "Consejos para escoger un abogado" (pág. 65). Si no tiene suficiente dinero para obtener ayuda legal, existen algunas opciones de ayuda a bajo costo o gratuitas. Antes de contratar los servicios de un abogado o representante tenga en cuenta lo siguiente:

- El abogado debe tener licencia y cumplir con los reglamentos de los colegios de abogados de Estados Unidos y no debe estar bajo ninguna orden judicial que restrinja su desempeño como abogado.
- Los representantes autorizados pueden cobrar o aceptar solamente honorarios muy bajos por sus servicios. Para obtener una lista de representantes acreditados, consulte el sitio web www.justice.gov/eoir/ra/raroster_reps.htm (en inglés).
- La Oficina del Presidente del Juzgado de Inmigración tiene una lista de proveedores de servicios legales gratis para personas con un proceso de inmigración pendiente (visite www.justice.gov/eoir/probono/states.htm, en inglés). Esta es una lista de profesionales y organizaciones legales que representan gratis a los inmigrantes ante los tribunales de inmigración.

CONSULTORES DE INMIGRACIÓN FRAUDULENTOS

Muchos consultores de inmigración son honestos y pueden prestar un buen servicio a los inmigrantes. Sin embargo, hay ciertas personas que se aprovechan de los inmigrantes. Antes de consultar a alguien sobre asuntos de inmigración y gastar su dinero, tenga en cuenta los siguientes aspectos:

- Ninguna organización privada, ni persona particular que ofrezca ayuda en asuntos de inmigración mantiene una relación especial con el Servicio de Ciudadanía e Inmigración.
- Si alguien le hace promesas exageradas o dice tener una relación especial con el USCIS, no le crea.
- No confíe en personas que le garantizan buenos resultados o una tramitación más rápida.
- Si usted no reúne los requisitos para recibir un beneficio inmigratorio, no podrá cambiar esa situación con la ayuda de un abogado o representante de inmigración.
- Desconfíe de consultores, agencias de viajes, oficinas inmobiliarias y personas denominadas "notarios públicos" que ofrecen servicios de inmigración.
- Verifique la experiencia del profesional y pida ver copias de su acreditación por la BIA o de su certificación por el colegio de abogados. Algunas personas que dicen estar capacitadas para ofrecer servicios legales, no lo están. Estas personas pueden cometer errores que le causarán problemas graves. Para más información sobre el fraude notarial, visite www.stopnotariofraud.org/index-es.php.
- Si decide emplear a un consultor o representante legal en asuntos de inmigración, obtenga un contrato por escrito. El contrato debe estar escrito en inglés y en su propio idioma. El contrato deberá señalar todos los servicios que se le prestarán, así como su costo. Pida referencias antes de firmar el contrato.

INMIGRACIÓN Y CIUDADANÍA

- Evite pagar los servicios en efectivo. Asegúrese de obtener un recibo de pago y de conservar sus documentos originales.
- Nunca firme un formulario o solicitud en blanco, ni firme documentos que contengan declaraciones falsas o información imprecisa. Asegúrese de haber comprendido lo que está firmando.

Si cree que ha sido engañado por un estafador llame al Servicio de Ciudadanía e Inmigración 1-800-375-5283 (para español presione el 2).

LOTERÍA DE VISAS DE DIVERSIFICACIÓN

El Departamento de Estado realiza anualmente el Programa de Visados de Diversificación que consiste en una lotería para otorgar visas de residente permanente, conocidas como tarjetas verdes, a personas que provienen de países de escasa afluencia migratoria a Estados Unidos. Para participar, las personas tienen que provenir de un país elegible y cumplir con un requisito de educación o experiencia laboral.

La mejor manera de protegerse contra los estafadores es comprender cómo funciona la lotería de visas:

- No se cobra ningún cargo por participar en la lotería. Usted puede inscribirse únicamente a través del sitio web del Departamento de Estado (travel.state.gov/content/dam/visas/DV-2015-Instructions-Translations/DV_2015_Instructions_Spanish.pdf y www.dvlottery.state.gov, en inglés).

DESCALIFICACIÓN EN LA LOTERÍA DE VISAS

Para evitar ser descalificado, se recomienda seguir las instrucciones de la solicitud al pie de la letra. Es importante incluir toda la información que se solicita ya que las omisiones podrían resultar en errores costosos. Por ejemplo, un participante que no reveló que tiene hijos no podrá obtener una visa para ellos si llegara a ser seleccionado.

Un error común es equivocarse sobre el país de origen o llenar más de un formulario. Otro es perder el número de confirmación otorgado al momento de inscribirse en el sorteo. Las personas que lo pierdan no podrán revisar su estatus por Internet.

Consejos para evitar el fraude

El Departamento de Estado ha emitido advertencias sobre sitios de Internet fraudulentos que se hacen pasar por el Gobierno y que prometen incrementar las posibilidades de ser seleccionados, algo que es imposible.

Las autoridades advierten que algunos sitios incluso utilizan banderas y sellos que aparentan ser oficiales y además cobran por sus servicios. El único sitio legítimo es el portal del Departamento de Estado www.dvlottery.state.gov (en inglés) y participar es gratis.

- Será necesario que complete un formulario y adjunte fotografías digitales en el formato que se especifica. Una vez que presente su solicitud para la lotería, el Departamento de Estado le confirmará que fue recibida.
- Los solicitantes pueden encargar a otra persona que haga la presentación en su nombre o contratar los servicios de una compañía o abogado, pero esa persona deberá seguir el mismo procedimiento y su probabilidad de ser seleccionado es la misma.
- Presente solamente una inscripción. Si usted u otra persona presentan más de una solicitud de inscripción en su nombre, será descalificado.
- La selección de los participantes se hace al azar. Los cónyuges elegibles para la lotería DV pueden inscribirse separadamente; el cónyuge "perdedor" puede ingresar al país bajo la Visa de Diversidad "ganadora" del otro cónyuge. Esta es la única forma legal de aumentar significativamente su probabilidad de ingresar a Estados Unidos a través de la lotería DV.
- A los seleccionados se les notificará solo por correo y NO por e-mail. Las cartas de notificación contienen instrucciones e información sobre las tarifas requeridas para inmigrar a Estados Unidos.

¡ATENCIÓN! El Departamento de Estado anima enérgicamente a los solicitantes a completar la solicitud sin la ayuda de "Consultores de visados", "Agentes de visados" o cualquier otra persona o entidad que se ofrezca a presentar la solicitud a favor del solicitante.

Algunas compañías y abogados ofrecen falsamente sus servicios asegurando que:

- Están afiliados al Gobierno de EE.UU.
- Poseen experiencia o formulario especial para participar de la lotería de visas
- Nunca fue rechazado un formulario presentado por la compañía
- Sus servicios o compañía pueden aumentar las probabilidades de un participante de "ganar" la lotería
- Incluso aquellas personas provenientes de países no elegibles pueden "estar calificadas" para participar de la lotería

Los estafadores hacen peligrar la oportunidad del solicitante de participar en la lotería presentando varias solicitudes. También suelen poner su propia dirección en lugar de la de los solicitantes para, en caso de ser seleccionado el solicitante, recibir la notificación y luego exigir dinero por entregarla.

INVERSIONES

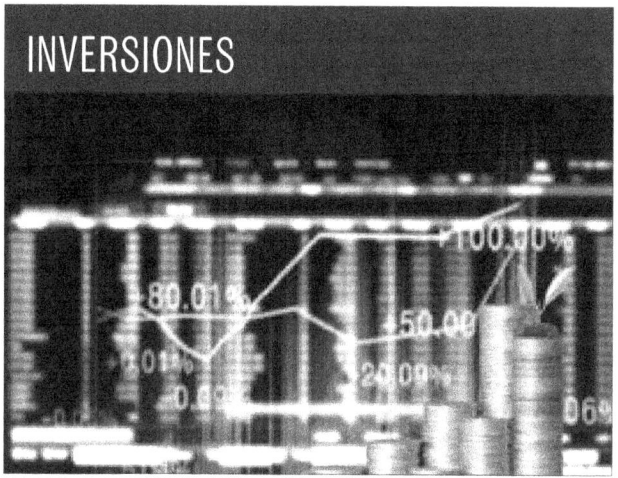

Consejos para invertir

Si usted tiene una meta financiera en mente, como ahorrar para su retiro, pagar la universidad o comprarse una casa nueva, usted puede decidir invertir su dinero. Usted debe investigar antes de invertir. ¿Cuál es su tolerancia al riesgo? ¿En qué le gustaría invertir? ¿Acciones? ¿Bonos? ¿Fondos comunes de inversión? ¿Quiere usted abrir una cuenta de jubilación individual (IRA, sigla en inglés) o comprar una pensión anual? ¿Ofrece su empleador un plan 401 (k)? Recuerde que cada inversión implica algún grado de riesgo. La mayoría de estos valores no están asegurados por el Gobierno federal, incluso si usted los adquiere por medio de un banco o de una unión crediticia que ofrece cuentas de ahorro aseguradas por el Gobierno federal. Antes de invertir, asegúrese de tener respuestas para todas estas preguntas:

- ¿Qué tan rápido puede recuperar su dinero? Las acciones, los bonos y los títulos en los fondos comunes de inversión generalmente pueden ser vendidos en cualquier momento, pero no hay garantía alguna de que pueda recuperar todo lo que pagó por ellos. Otras inversiones, como las de sociedades limitadas, certificados de depósito o fondos de retiro, suelen restringir las posibilidades de hacer efectivas sus participaciones.
- ¿Qué ganancia puede esperar de su inversión? Mientras que los bonos suelen prometer un rendimiento fijo, las ganancias en la mayoría de los demás valores suben y bajan a medida que el mercado cambia. Tenga en cuenta también que el simple hecho de que una inversión haya tenido éxito en el pasado no garantiza que lo tendrá en el futuro.
- ¿Qué tipo de ganancias puede esperar? ¿Obtendrá las ganancias en forma de intereses, dividendos o rentas? Algunas inversiones, tales como las acciones y los bienes raíces, tienen el potencial de generar ganancias y crecimiento en el valor. ¿Cuál es el potencial de ganancias a través del tiempo?
- ¿Cuánto riesgo hay asociado a su inversión? En cualquier inversión, siempre existe el riesgo de no recuperar su capital o las ganancias prometidas. Por lo general, existe una relación entre riesgo y ganancia. Mientras mayor sea el potencial de ganancias, mayor será el riesgo. El Gobierno federal respalda los valores del Tesoro de Estados Unidos, pero las demás opciones de inversión no están protegidas.
- ¿Están diversificadas sus inversiones? Algunas inversiones se desempeñan mejor que otras en ciertas situaciones. Por ejemplo, al subir las tasas de interés el precio de los bonos tiende a bajar. Una industria puede atravesar dificultades, mientras que otra prospera. Colocar su dinero en diversas opciones de inversión puede ayudarlo a reducir los riesgos.
- ¿Tienen ventajas impositivas ciertas inversiones? Los Bonos de Ahorro del Tesoro de Estados Unidos están exentos de impuestos locales y estatales. Los bonos municipales están exentos del impuesto federal a las ganancias y, a veces, también del impuesto estatal a las ganancias. Para algunos objetivos especiales, como el pago de estudios universitarios y jubilación, existen inversiones con impuestos aplazados que le permiten posponer o incluso eliminar el pago de impuestos a las ganancias.

La Comisión de Bolsa y Valores exige que las compañías públicas den a conocer su información financiera y otros datos necesarios para ayudarlo a tomar decisiones. Puede encontrar información en www.sec.gov/edgar/searchedgar/companysearch.html (en inglés). Usted también puede llamar gratis a la Comisión de Bolsa y Valores al 1-877-732-0330 para obtener material gratuito y alertas de inversión o para saber cómo presentar una queja.

La Autoridad Regulatoria de la Industria Financiera (FINRA, sigla en inglés) también ofrece información actualizada sobre el mercado a través del Centro de Datos de Mercado en www.finra.org/marketdata (en inglés).

Las siguientes compañías evalúan las condiciones financieras de las corporaciones y municipalidades emisoras de bonos. Sus evaluaciones están disponibles en Internet y en numerosas bibliotecas públicas.

- Standard & Poor's (www.standardandpoors.com, en inglés)
- Moody's Investors Services (www.moodys.com, en inglés)

Para informarse sobre las evaluaciones de los fondos comunes de inversión, consulte publicaciones sobre finanzas personales.

INVERSIÓN POR INTERNET

Actualmente es posible comprar y vender acciones por Internet utilizando una variedad de corredores de bolsa que cobran tarifas bajas. Sin embargo, el precio de las acciones puede subir o bajar en un instante. Hacer estas transacciones por Internet es fácil y rápido, pero invertir

INVERSIONES

por Internet toma su tiempo. Antes de negociar en la bolsa de valores, tome estas medidas para aprender a limitar sus pérdidas en este impredecible mercado:

- Conozca lo que está comprando
- Entienda por qué está comprando o vendiendo
- Esté consciente de lo rápido que cambian las condiciones en los mercados volátiles

Al igual que con otras compras, usted debería establecer un límite de precio, evitar comprar o vender a precios más altos o más bajos de lo que usted desea. Para información más detallada sobre inversiones por Internet, visite www.sec.gov/investor/espanol.shtml.

AGENTES Y CONSEJEROS FINANCIEROS

Un profesional financiero puede tener múltiples títulos y autorización para proporcionar múltiples servicios, incluyendo inversiones, planificación financiera y productos de seguro. Tenga presente que un título profesional no es el mismo que una licencia. Cuando investigue a un profesional financiero, averigüe qué significan sus títulos, licencias y educación recibida, así como su experiencia laboral y comportamiento ético. Use la herramienta de FINRA sobre nombramientos profesionales (www.finra.org/Investors/ToolsCalculators/ProfessionalDesignations, en inglés) para entender sus significados y las organizaciones que ofrecen estas designaciones. Recuerde que la Comisión de Bolsa y Valores, FINRA y los reguladores estatales no subvencionan o respaldan estos títulos profesionales.

Al seleccionar un agente o asesor de inversiones, investigue tanto su educación e historial profesional como la empresa para la que trabaja. Haga las siguientes preguntas:

- ¿Ha trabajado con personas que están en circunstancias similares a las suyas?
- ¿Tiene licencia del estado en que usted reside? La entidad reguladora de valores de su estado tiene un listado de todas las personas y empresas que están registradas en el estado. Pregunte si la oficina reguladora tiene alguna otra información sobre la trayectoria de la persona en cuestión.
- ¿Ha tenido alguna disputa con entidades reguladoras o recibido quejas serias por parte de inversionistas? Llame a la entidad reguladora de valores de su estado. También puede consultar la base de datos con las medidas disciplinarias mantenida por la Comisión de Bolsa y Valores (pág. 73).
- ¿Cómo se les paga a los agentes y asesores? ¿Por horas, con una tarifa fija o con una comisión que dependa de las inversiones que usted haga? ¿Reciben ellos alguna comisión de la empresa por venderle a usted un producto en particular?
- ¿Cuáles son los gastos de establecimiento y mantenimiento de su cuenta?

La Comisión de Negociación de Futuros de Productos Básicos ofrece alertas y asesoramiento a los consumidores en la página en español www.cftc.gov/ConsumerProtection/FraudAwarenessPrevention/avisoalconsumidor. Esta comisión supervisa el Programa de Reparaciones encargado de resolver disputas entre consumidores y corredores profesionales. A través de este programa se pueden aplicar "procesos

---

¡ALERTA! CUÍDESE DEL FRAUDE POR AFINIDAD EN SU COMUNIDAD

El fraude por afinidad se refiere a las estafas de inversión que se aprovechan de los vínculos que existen entre grupos de personas que tienen algo en común como la religión, el lugar de origen o la edad. Los estafadores que promueven estas estafas con frecuencia son, o fingen ser, miembros de ese mismo grupo.

En el fraude de afinidad el estafador intenta que las personas de un grupo pongan su dinero en una inversión que es fraudulenta o los engañan sobre los riesgos de pérdida, las ganancias o resultados históricos de esa inversión. Con frecuencia los fraudes por afinidad son estafas Ponzi o ventas piramidales.

Tome estas medidas para evitar ser víctima del fraude por afinidad:

- Investigue los antecedentes profesionales del vendedor (aunque usted lo conozca), así como los méritos de la inversión en sí. Use información independiente, no sólo folletos proporcionados por el promotor.

- Verifique con la Comisión de Bolsa y Valores (pág. 73) o la agencia reguladora de valores de su estado que el vendedor tiene licencia.
- No haga una inversión basándose exclusivamente en la recomendación de un miembro de una organización o grupo al que usted pertenece.
- Tenga cuidado con las promesas de ganancias espectaculares o garantizadas y poco riesgo.
- Desconfíe si no recibe por escrito los detalles de la oportunidad de inversión.
- No se deje presionar o apresurar para realizar una inversión.

Póngase en contacto con la Comisión de Bolsa y Valores (pág. 73) la agencia reguladora de valores de su estado (pág. 79) si usted tiene alguna pregunta acerca de una inversión o quiere presentar una queja sobre un fraude de inversiones.

INVERSIONES

TIPO DE INVERSIÓN	¿QUÉ ES?	NIVEL DE RIESGO
Bonos y fondos de bonos	También conocidos como títulos de renta fija porque la renta que pagan se fija al momento de la venta. Los bonos y fondos de bonos invierten en obligaciones de deuda de empresas o del Gobierno.	Bajo riesgo
Productos Básicos	Un acuerdo para comprar o vender una cantidad específica de una variedad de bienes tangibles como metales preciosos, granos u otros recursos naturales	Alto riesgo
Fondos índice	Inversión en un índice de un mercado determinado, como el S&P 500 o el Russell 2000. Un fondo índice es gestionado de forma pasiva y simplemente refleja el resultado de los bonos o índices de bonos designados.	El nivel de riesgo depende del fondo índice en el que se invierte.
Certificados de depósitos ligados al mercado de valores (CDs estructurados)	Las ganancias están ligadas al desempeño futuro de un índice del mercado y este puede incluir acciones, bonos, moneda extranjera u otros activos. Estos están diseñados para un compromiso a plazo largo (hasta 20 años).	Mediano a alto riesgo
Mercado de valores	Fondos de inversión que se invierten en bonos a corto plazo. Usualmente paga más intereses que una cuenta de ahorro pero no tanto como un certificado de depósito.	Bajo riesgo
Fondos de inversión	Inversión en una variedad de valores, que pueden incluir acciones, bonos y/o mercado de valores. Los costos y objetivos varían.	Los niveles de riesgo varían de acuerdo a las inversiones. Lea el prospecto para entender el riesgo
Cuenta de jubilación Roth (Roth IRA, en inglés)	La cuenta de jubilación Roth es un plan de ahorro personal en el que no se paga impuestos sobre las ganancias. Las inversiones pueden incluir una variedad de valores. Las contribuciones no son deducibles de impuestos.	Los niveles de riesgo varían de acuerdo a los valores que conforman el Roth IRA
Acciones	Las acciones representan una parte de una compañía. Cuando el valor de la compañía sube o baja, también lo hace el valor de las acciones.	Mediano a alto riesgo
Cuenta de jubilación tradicional (IRA, sigla en inglés)	El IRA tradicional es un plan de ahorro personal que ofrece ventajas tributarias cuando se ahorra para la jubilación. Las inversiones pueden incluir una variedad de valores. Las contribuciones a la cuenta pueden ser deducibles de los impuestos y lo que gane no paga impuestos hasta que se retire el dinero.	Los niveles de riesgo varían de acuerdo a los valores que conforman el IRA

de reparación" en contra de aquellos corredores profesionales inscritos en la Comisión que usted considere que han incurrido en violaciones a las disposiciones antifraude o de otro tipo de la Ley de Intercambio de Mercancías. Para solicitar o proporcionar información, así como para presentar una queja, contacte a la Comisión de Negociación de Futuros de Productos Básicos (pág. 73).

CÓMO INVERTIR EN ORO Y PRODUCTOS BÁSICOS

Muchos expertos financieros recomiendan comprar oro como estrategia para lograr una cartera de inversión equilibrada. Algunos sugieren una inversión pequeña porque los valores pueden fluctuar, otros recomiendan inversiones más grandes.

Hay varias maneras de invertir en oro. Las más comunes son lingotes, certificados y monedas. La mayoría de personas dependen de un asesor o una compañía de inversión que los ayuden a decidir. Si usted está interesado en invertir en oro, asegúrese que la persona o empresa que elija tenga licencia del administrador de valores de su estado (pág. 79). Si está considerando invertir en monedas consulte con la Casa de la Moneda de Estados Unidos (www.usmint.gov, en inglés). Antes de comprar monedas o productos relacionados con monedas, averigüe sobre el vendedor comerciante pidiendo información a una agencia del Gobierno, como por ejemplo su oficina estatal de protección al consumidor (pág. 79), la Comisión Federal de Comercio (pág. 73), o el Consejo de Buenas Prácticas Comerciales (pág. 79).

La negociación de futuros de productos básicos es diferente a la inversión. Los futuros de materias primas consisten en un acuerdo para comprar o vender una cantidad específica de una variedad de bienes tangibles como metales preciosos, granos u otros recursos naturales. La negociación de futuros de materias primas y las opciones representan una operación financiera volátil, compleja y arriesgada que es raramente conveniente para inversionistas individuales o "clientes de venta al público". Antes de participar en el mercado de bienes tangibles, compruebe el registro, los antecedentes y la experiencia de la persona y compañía a cargo de la venta de estos bienes a través del siguiente sitio web www.nfa.futures.org/basicnet (en inglés). Cualquier persona que realiza transacciones o provee asesoría al público sobre futuros de materias primas debe estar inscrito con la Asociación Nacional de Futuros (NFA, sigla en inglés). La Comisión de Negociación de Futuros de Productos Básicos (CFTC, sigla en inglés) también provee información adicional sobre cómo prevenir fraudes financieros antes y durante la negociación de futuros: www.cftc.gov/ConsumerProtection (en inglés).

CÓMO PLANIFICAR PARA LA JUBILACIÓN

Toda estrategia de inversiones debe contemplar un plan para la jubilación. El estadounidense promedio vive 20 años como jubilado, pero menos de la mitad de los estadounidenses calcula cuánto necesita ahorrar para sus años de jubilación. Independientemente de su edad, nunca es demasiado temprano o tarde para empezar a ahorrar.

Generalmente los tres componentes principales de una cartera de jubilación son: los beneficios de pensiones; ahorros e inversiones; y el Seguro Social.

A considerar:
- Si usted todavía trabaja y su empleador ofrece un plan de jubilación, averigüe cómo funciona.
- Si su empleador tiene un plan 401(k) y ofrece igualar las aportaciones que usted hace, considere seriamente esta opción de ahorro.
- Si usted piensa cambiar de trabajo asegúrese de entender cómo esto puede afectar el plan de jubilación que ofrece su empleador y cuáles son sus opciones para mantenerlo.
- Si usted cambia de empleo antes de que pueda beneficiarse de la totalidad de las aportaciones, podría perder una cantidad significativa del dinero.

Al acercarse a la jubilación, hay muchos factores que debe tener en cuenta. Los expertos advierten que en sus años de jubilación necesitará alrededor del 80 por ciento de su ingreso previo a la jubilación. La cantidad exacta, por supuesto, depende de sus necesidades personales. Por ejemplo:
- ¿A qué edad piensa usted jubilarse?
- ¿Se jubilará al mismo tiempo que su cónyuge o pareja?
- ¿Dónde piensa vivir? ¿Va a mantener su vivienda propia, buscar una de menor tamaño o piensa alquilar?
- ¿Piensa trabajar a tiempo parcial?

- ¿Va a tener el mismo seguro médico que tenía en el trabajo? ¿Cambiará el nivel de cobertura?
- ¿Piensa viajar o buscar un nuevo pasatiempo que puede resultar costoso?
- Si tiene un asesor financiero, hable con él o ella acerca de sus planes.

Además de planificar para mantener su estilo de vida durante su jubilación, usted puede encontrar la necesidad de comprar un seguro de salud a largo plazo (pág. 42) o pagar por servicios de asistencia para realizar actividades básicas.(pág. 36).

Para obtener más información visite:
- AARP: www.aarp.org/espanol
- Consejo Americano de Educación para el Ahorro: www.choosetosave.org/spanish/ballpark
- Departamento de Trabajo: www.dol.gov/ebsa/contactEBSA/asistenciaalconsumidor.html
- Comisión de Bolsa y Valores: www.sec.gov/investor/espanol.shtml
- Administración del Seguro Social: www.socialsecurity.gov/espanol

Se conoce como responsabilidad ambiental el adoptar un estilo de vida que cuide el medio ambiente y que ayuda a conservar los recursos naturales. Existen muchas razones por las que hay que proteger el medio ambiente: la basura en exceso, los gases de efecto invernadero, la contaminación del aire y del agua, el daño (agujero) en la capa de ozono y la ventaja de ahorro de dinero. Por ejemplo, si cambia todas las bombillas o focos normales por bombillas compactas fluorescentes puede consumir menos energía y ahorrar alrededor de $40 en consumo por bombilla. Otros ejemplos incluyen:

- Ajustar el termostato dos grados más cuando use el aire acondicionado y dos grados menos cuando use la calefacción.
- Asegurar que sus paredes y techos estén bien aislados.

MEDIO AMBIENTE

- Cambiar los grifos de baño y cocina con modelos que reduzcan el caudal de agua.

COMPRAS ECOLÓGICAS

La Agencia de Protección Ambiental (EPA, sigla en inglés) tiene un portal sobre productos ecológicos (www.epa.gov/greenerproducts, en inglés) para ayudarlo a explorar el mundo complejo de productos ecológicos.

EPA también tiene varios programas de asociación de etiquetas ecológicas para ayudarlo a identificar productos más "verdes", seguros y eficientes. Busque estas etiquetas cuando haga sus compras:

- **Energy Star** para electrodomésticos y productos electrónicos más eficientes energéticamente (www1.eere.energy.gov/consumer/consejos/printable_versions/guia_de_compras.html)
- **WaterSense** para productos de uso eficiente del agua (www.epa.gov/watersense/our_water/como.html)
- **Programa de Diseño para el Medio Ambiente** para productos de limpieza doméstica y otros que han sido determinados para su uso seguro, tanto para su salud como para el medio ambiente (www.epa.gov/dfe/pubs/about/esp.htm)
- **Vehículo Certificado SmartWay** para autos y picops que ahorran combustible (www.epa.gov/smartway, en inglés)

Usted también puede comprar ropa y alimentos orgánicos o que han sido producidos localmente. Para más información sobre estándares nacionales que cubren alimentos ecológicos, visite el Servicio de Marketing Agrícola del Departamento de Agricultura (www.ams.usda.gov/AMSv1.0, en inglés). No existen estándares nacionales para la ropa orgánica, pero algunas telas para considerar incluyen el algodón orgánico, la tela de corteza, el bambú y la lana orgánica.

Al escoger productos más verdes, usted ayuda a ahorrar dinero en servicios públicos y combustible, protegiendo la salud pública y el medio ambiente.

Comprar productos ecológicos es un paso importante para preservar el medio ambiente. Muchos de estos productos pueden ser identificados por el sello de ENERGY STAR (energy.gov/energysaver/downloads/ahorre-energ).

WATERSENSE℠ PARA AHORRAR AGUA

WaterSense℠ es un programa que promueve el ahorro de agua y la protección del medio ambiente. Los productos que tienen la marca WaterSense℠ garantizan el uso eficiente del agua en el hogar. Para obtener consejos prácticos sobre cómo conservar el agua, visite www.epa.gov/watersense/our_water/como.html.

PROGRAMA ENERGY STAR® PARA ELECTRODOMÉSTICOS

Los electrodomésticos con la calificación ENERGY STAR® consumen un 33 por ciento menos de energía que las unidades estándar. Usted puede encontrar el logo ENERGY STAR® en televisores, lavadoras y secadoras, calentadores de agua, hornos y muchos otros productos.

Los electrodomésticos que han logrado obtener la calificación ENERGY STAR® ofrecen funciones especiales que utilizan menos energía. El ahorro de electricidad le permite gastar menos dinero en el pago de su factura y ayudar a proteger el medio ambiente, reduciendo las emisiones de gases de efecto invernadero para contrarrestar el cambio climático. Visite www.energystar.gov/espanol para mayor información.

REUSAR Y RECICLAR

Usted puede lograr un impacto mayor usando productos de maneras que respetan y protegen el ambiente:

- Use menos productos y siga las instrucciones para el uso del producto
- Conserve energía, agua y materiales
- Recicle artículos hechos de materiales como vidrio, metal, plástico o papel
- Deseche apropiadamente los productos

Varias compañías de servicios públicos ofrecen programas de reciclaje a través de los cuales existen recipientes para residuos reciclables disponibles para que cada hogar tenga una manera responsable y conveniente de reciclar materiales. Para encontrar información sobre servicios y esfuerzos para reciclar en su localidad, averigüe con su Gobierno local.

Es fácil desechar de manera segura varios productos. Otros requieren de especial manejo, por ejemplo baterías de autos, teléfonos celulares, televisiones, pinturas, aceites y solventes. Usted puede desechar responsablemente estos productos a través de instalaciones de recolección de desechos domésticos peligrosos en su localidad o cuando su Gobierno local lleve a cabo su día anual para la recolección de estos desechos.

Algunos artículos pueden entregarse a organizaciones caritativas o inclusive puede dejarlos en tiendas de aparatos eléctricos. Para ayudarlo a tomar decisiones correctas sobre la mejor manera de desechar desperdicios potencialmente peligrosos, contacte a la EPA (pág. 73) o visite la página web de la Agencia de Protección Ambiental www.epa.gov/espanol/reciclajefaq.html.

PROTEJA SU PRIVACIDAD

Los ladrones de identidad buscan robar su información personal para cometer fraude. Ellos pueden dañar su historial de crédito y generarle gastos de tiempo y dinero para restaurar su reputación. Es posible que usted no tenga conocimiento del robo de su identidad hasta vivir sus consecuencias financieras (por ejemplo, facturas misteriosas, cobro de deudas y préstamos rechazados) como resultado de los delitos cometidos por el ladrón bajo su nombre. Para prevenir el robo de identidad, siga los siguientes consejos:

- **No escriba su número de Seguro Social en sus cheques** o lleve su tarjeta en su billetera. Solo dé el número cuando sea absolutamente necesario.
- **Mantenga en secreto su PIN.** Nunca escriba este número de identificación personal en una tarjeta de crédito o débito, ni en un trozo de papel que guarde en su billetera.
- **Esté atento a las personas que miran por encima de su hombro.** Cubra el teclado con su mano cuando ingrese su contraseña o PIN en cajeros automáticos o computadoras.
- **Proteja su correo.** Cuando viaje y no pueda recoger su correspondencia, solicite a la oficina local del Servicio Postal que no haga entregas hasta el día en que regrese. Si no recibe a tiempo una factura, comuníquese con el remitente.
- **Esté atento a sus ciclos de facturación.** Una factura faltante podría significar que un ladrón se ha apropiado de su cuenta.
- **Guarde sus recibos.** Solicite los comprobantes de compra y recibos anulados por algún error. Compárelos con su estado de cuenta y revise que no hayan transacciones no autorizadas.
- **Rompa o triture los recibos,** ofertas de crédito, estados de cuenta, tarjetas vencidas, etc. que ya no necesite para evitar que los ladrones rebusquen su información en la basura.
- **Guarde su información personal** en un lugar seguro tanto en casa como en el trabajo. No la deje a la vista.
- **No responda a ofertas no solicitadas** que le piden su información personal (fecha de nacimiento, número de Seguro Social o número de cuenta bancaria) por correo, teléfono o Internet.
- **Instale un cortafuegos o "firewall"** y programas de protección antivirus en su computadora personal.
- **Use contraseñas complejas** que otras personas no puedan adivinar con facilidad.
- **Pida su informe de crédito una vez al año.** Revíselo con mayor frecuencia si cree que alguien ha obtenido acceso a su información bancaria. Lea "Informes de crédito gratuitos" (pág. 17).

DENUNCIE EL ROBO DE IDENTIDAD

Si usted es víctima de robo de identidad o sospecha serlo, siga los siguientes pasos:

- Comuníquese con todas las instituciones financieras donde usted tiene una cuenta. Llame al número que aparece en el estado de cuenta o en la parte de atrás de su tarjeta de crédito o débito.
- Presente una denuncia ante la policía local. Conserve una copia del reporte, ya que le será útil para certificar su caso ante los acreedores y comerciantes minoristas.
- Póngase en contacto con las oficinas de informes de crédito (pág. 17) y solicite que establezcan una alerta de fraude bajo su nombre, para que los comerciantes sean advertidos de no otorgar nuevos créditos sin su aprobación.

Para ayudar a las víctimas de robo de identidad, la Comisión Federal de Comercio ha puesto un formulario en Internet de la Declaración Jurada de Robo de Identidad (www.consumidor.ftc.gov/articulos/s0277-cree-un-reporte-de-robo-de-identidad), que usted puede utilizar para denunciar el delito a la mayoría de las partes implicadas. También puede solicitar una copia del formulario llamando a la línea gratuita 1-877-438-4338. Para español presione el 2. Las tres principales agencias de informe de crédito y muchos de los mayores acreedores han acordado aceptar esta declaración jurada. También puede utilizar el sitio web www.ftccomplaintassistant.gov para presentar una queja ante la Comisión Federal de Comercio.

PROTEJA SU PRIVACIDAD

La tecnología lo ayuda a conseguir aprobación de crédito, transferir dinero de una cuenta a otra, renovar la licencia de conducir u obtener una receta médica con facilidad y rapidez. Sin embargo, también aumentan las oportunidades para que su información corra el riesgo de ser cambiada, robada o reportada incorrectamente. Cuando usted comparte su información al hacer una transacción comercial, las compañías pueden usar sus datos para dirigir esfuerzos de marketing o vender y compartir información con otras compañías.

Para proteger su privacidad siga estos consejos:

PROTEJA SU PRIVACIDAD

INFORMES ESPECIALIZADOS SOBRE EL CONSUMIDOR

Los informes de crédito no son los únicos informes que usted tiene derecho a obtener gratis (ver "Informes de crédito gratuitos", pág. 17). La misma ley que le permite obtener un informe de crédito gratis cada año también le permite obtener una copia del informe especializado sobre el consumidor. Al igual que Equifax, Experian y TransUnion recogen su información de crédito, otras empresas recopilan información sobre su historia médica, de seguro, alquiler y crédito alternativo. Las propietarios de viviendas, las aseguradoras y otras empresas compran estos informes para decidir si le ofrecerán o no sus servicios.

Tal como ocurre con los informes de crédito, usted tiene derecho a recibir todos los años un informe de cada agencia especializada. Como no hay un lugar centralizado donde se puede pedir estos informes (como el sitio web www.annualcreditreports.com para solicitar los informes de crédito), usted debe ponerse en contacto con cada agencia individualmente.

Si usted está pensando en alquilar un apartamento, pídale al propietario que le dé el nombre de la empresa especializada que utiliza y solicite una copia de su informe con antelación. Asimismo, si usted busca una nueva póliza de seguro, póngase en contacto con las agencias que recopilan esa información. Si hay un error en su informe, usted tiene derecho a corregirlo.

Para obtener una lista de las agencias especializadas sobre el consumidor visite files.consumerfinance.gov/f/201207_cfpb_list_consumer-reporting-agencies.pdf (en inglés). Si quiere presentar una queja sobre una agencia especializada, póngase en contacto con el Oficina para la Protección Financiera del Consumidor (pág. 78) y la Comisión Federal de Comercio (pág. 73).

- Busque las normas de privacidad en los sitios web, en los materiales de venta y en los formularios que usted llena con sus datos. Si un sitio web sigue una serie de parámetros voluntarios reconocidos, léalos. No asuma que tenga el nivel de privacidad que usted desea.
- Pregunte qué tipo de información será recopilada y de qué manera será utilizada.
- Solo proporcione la información necesaria, como la fecha de compra y los números de modelo y serie, así como su información de contacto al registrar su garantía.
- Hable con los miembros de su familia sobre la privacidad. Todos, incluso los niños, deben saber qué tipo de información no es conveniente dar por teléfono, Internet y en otras situaciones.

Infórmese en la oficina de protección al consumidor de su estado (pág. 79) sobre si existe alguna ley estatal que lo ayude a proteger su privacidad. Algunas compañías y grupos industriales también han adoptado voluntariamente normas para hacer frente a inquietudes relacionadas con la privacidad.

PRIVACIDAD FINANCIERA

La Corporación Federal de Seguros de Depósitos (pág. 74) y otras agencias federales que regulan las instituciones financieras exigen a los bancos, compañías de seguros, agencias de corredores de bolsa y ciertos negocios que comparten información financiera, que le informen sobre sus normas de privacidad. Ellos deben brindarle esta información cuando usted abre una cuenta y al menos una vez al año. Dicha información deberá incluir:

- La clase de información que está siendo recopilada
- La forma en que serán protegidas la confidencialidad y la seguridad de dichos datos
- Los tipos de empresas a las que se les ofrecerán estos datos

Si una empresa va a compartir su información con terceros fuera de su grupo corporativo, también deberá ofrecerle la posibilidad de "optar por no participar" o de negarse a que su información sea compartida. Incluso si usted no opta por no participar, sus números de cuentas no podrán ser compartidos con terceros para fines de comercialización.

Usted no puede impedir que los datos disponibles al público o ciertos tipos de información sean compartidos, incluyendo información necesaria para realizar una actividad regular o protegerse contra el fraude. Además, un banco puede compartir su información con una compañía asociada a productos del mercado.

Su información de crédito cuenta con otras formas de protección de la privacidad según la Ley de Informes de Crédito Justos. Solo personas con una legítima necesidad comercial pueden obtener una copia de su informe. Un empleador solo puede obtener su informe de crédito si usted lo autoriza por escrito. Para más información sobre sus derechos según esta ley federal y sobre cómo puede obtener una copia de sus informes de crédito, consulte la sección "Informes de crédito gratuitos" (pág. 17).

PRIVACIDAD MÉDICA

Las personas comparten con sus médicos información personal que es compartida con compañías aseguradoras, farmacias, investigadores y empleadores, siguiendo reglamentos específicos. La privacidad de su historia clínica está protegida por la Ley de Responsabilidad y Transferibilidad de Seguros Médicos (HIPAA, sigla en inglés), la cual:

- Define cuáles son sus derechos respecto a su información médica.
- Establece normas y límites acerca de quiénes están autorizados para recibir y/o ver información sobre su salud.

SALUD

PROTEJA SUS CUENTAS CON AUTENTICACIÓN DE 2 FACTORES

Cada vez es más común encontrarse con que los sitios web piden un segundo paso para acceder a sus cuentas. Esta es la autenticación de dos factores y sirve para reforzar la seguridad en sus cuentas de manera fácil y eficaz. Cuando usted quiera ingresar a su cuenta todavía necesitará ingresar el nombre de usuario y la contraseña. Tras ingresar la información correcta el sitio web le enviará un mensaje de texto o una llamada con un código único para cada sesión que usted deberá ingresar en la página de inicio. Usted no tiene que recordar o registrar este código o descargar ningún programa adicional. Este paso adicional lo protege contra cualquier hacker que haya robado su contraseña ya que para ingresar a la cuenta necesitaría el código que le llegará a usted como texto o llamada telefónica.

La Oficina de Derechos Civiles del Departamento de Salud y Servicios Humanos de Estados Unidos ofrece excelente información detallada sobre la ley HIPAA en el sitio www.hhs.gov/ocr/privacy/hipaa/understanding/consumers/factsheets_spanish.html. También puede llamar al 1-800-368-1019 (para español presione el 2). La Oficina de Derechos Civiles proporciona a los consumidores, proveedores y defensores un listado de recursos, hojas informativas y otros materiales educativos. Usted puede solicitar una copia de sus registros médicos al proveedor u hospital donde recibió los servicios médicos. Le cobrarán probablemente un cargo para cubrir la recopilación y envío de sus copias.

Si usted cree que una persona, agencia u organización que se rige bajo la ley de HIPAA ha violado su derecho de privacidad o ha cometido otra violación de la Ley de Privacidad, usted puede presentar una queja por escrito a la Oficina de Derechos Civiles del Departamento de Salud y Servicios Humanos (pág. 76).

Para más información sobre cómo el Gobierno federal protege su información médica, visite la página web de la Oficina de Derechos Civiles del Departamento de Salud y Servicios Humanos, www.hhs.gov/ocr/privacy/hipaa/understanding/consumers/factsheets_spanish.html.

PRIVACIDAD EN INTERNET

Además de seguir los consejos generales de protección de privacidad, asegúrese de solo utilizar sitios web con políticas de privacidad aceptables.

- Busque la política de privacidad o un sello que le indique que el sitio se rige por parámetros de privacidad. Tómese un tiempo para leer cómo está protegida su privacidad.
- Busque señales que le indiquen que está usando un sitio web seguro. Un sitio seguro codifica la información personal de manera que esta no pueda ser interceptada fácilmente. Estas señales incluyen una notificación en pantalla diciendo que usted se encuentra en un sitio seguro; un candado cerrado o una llave intacta en la esquina inferior de su pantalla; o bien las primeras letras de la dirección de Internet que usted está visitando cambian de "http" a "https".

Otra amenaza contra su privacidad son los maliciosos programas espía que ingresan a su computadora durante la descarga de protectores de pantalla, juegos, música y otras aplicaciones. Los programas espía envían información a un tercero sobre lo que usted hace en Internet, usualmente para atacarlo con anuncios no solicitados o ventanas emergentes. Los navegadores como Internet Explorer, Chrome y Firefox y buscadores como Google le permiten bloquear las ventanas emergentes. Usted deberá instalar programas antiespías para acabar con esta amenaza a su privacidad. Para más información lea la sección "Internet" en la pág. 43.

SALUD

Existen muchos recursos e información disponible para ayudarlo a tomar decisiones sobre el cuidado de su salud. Desconfíe de los sitios web patrocinados por compañías que tratan de vender tratamientos específicos. Es preferible ponerse en contacto con asociaciones reconocidas o visitar los sitios web de las agencias federales. Esta información debe complementar, no reemplazar, la información que reciba de un médico. Presentamos aquí algunas fuentes de información confiable:

- Cuidadodesalud.gov (www.cuidadodesalud.gov) ofrece información sobre el Mercado de Seguros Médicos y cómo inscribirse por Internet.
- HealthFinder.gov (www.healthfinder.gov/espanol) provee información y herramientas para ayudarlo a mantenerse sano.
- MedlinePlus.gov® (www.medlineplus.gov/spanish) provee información sobre enfermedades y asuntos del bienestar de la salud.
- CDC.gov (www.cdc.gov/spanish) ofrece información sobre enfermedades, salud ambiental, salud dental, salud ocupacional y salud mental. También puede llamar al 1-800-232-4636. Para español presione el 2.

SALUD

- SAMHSA (www.samhsa.gov/espanol/) ofrece ayuda e información sobre problemas de salud mental y abuso de sustancias.
- Mayo Clinic (www.mayoclinic.org/espanol) explica cómo se diagnostican y tratan las enfermedades y afecciones de la salud, incluyendo otros temas para ayudarlo.

CÓMO ESCOGER UN DOCTOR

Al buscar un médico, dentista, especialista u otro profesional de la salud:

- Verifique si tienen licencia profesional en su estado. Consulte con la junta que otorga las licencias ocupacionales y profesionales en su estado.
- Verifique si están certificados por la junta en la especialidad pertinente. Visite los sitios web en inglés de la Asociación Médica Estadounidense (www.ama-assn.org) y de la Junta Estadounidense de Especialidades Médicas (www.abms.org) para más información.
- Pregunte con qué frecuencia y éxito han realizado el procedimiento que usted necesita. Puede encontrar parte de esta información en Internet.
- Verifique si se ha presentado alguna queja o si se han tomado medidas disciplinarias contra el doctor que usted está investigando. Visite www.healthfinder.gov/espanol para más información sobre los proveedores de cuidados de salud.
- Averigüe qué doctores participan en su plan de seguro médico. Si usted va a tener una cirugía, compruebe que todos los proveedores (radiólogos, anestesiólogos) estén también cubiertos por su plan para evitar cargos inesperados.

Considere estas preguntas al escoger su proveedor de cuidado médico y su práctica:

- ¿El doctor participa en su plan de seguro?
- ¿La oficina se encuentra en una zona a la cual usted puede llegar fácilmente o tiene horas de atención en las cuales usted puede sacar una cita médica?
- ¿El doctor tiene privilegios para practicar en el hospital de su preferencia?
- ¿Siente usted que se lleva bien con el médico? ¿Siente usted que se comunica bien con el médico y viceversa, y que su médico escucha sus preocupaciones y le explica claramente los diagnósticos y los beneficios de nuevos tratamientos y prescripciones?
- ¿Cuál es la política para cancelar una cita médica? ¿Tendrá usted que pagar por una cita anulada?

Para presentar una queja

Si tiene una queja sobre los servicios médicos que ha recibido, usted puede presentar una queja a la junta médica de su estado. Visite el sitio web www.fsmb.org/directory_smb.html (en inglés) para encontrar un directorio completo de la Federación de Juntas Médicas Estatales. También puede llamar a la Federación al 817-868-4000 para preguntar por el número de la junta médica de su estado.

CÓMO ELEGIR UNA INSTITUCIÓN DE CUIDADO MÉDICO

Existen sitios web que lo pueden ayudar a comparar instituciones médicas. Además, la Ley del Cuidado de Salud a Bajo Precio requiere que todos los hospitales hagan públicos sus informes de desempeño.

Cuando esté considerando la mejor instalación médica para el cuidado de su salud, tome en cuenta estos factores:

- ¿Acepta esta instalación pagos de su plan de seguro?
- ¿Su doctor tiene privilegios para practicar y proporcionar servicios de tratamiento en la instalación?
- ¿En qué condiciones de calidad se encuentra la instalación?
- ¿Cuenta la instalación con la especialización de servicios y procedimientos que requieren sus necesidades médicas?
- ¿Se encuentra la instalación en una zona donde usted puede llegar fácilmente?

Cuidado de ancianos

La necesidad de servicios para personas mayores se ha vuelto más importante. El buscador Eldercare (www.eldercare.gov, en inglés) es un servicio público a nivel nacional del Departamento de Salud y Servicios Humanos que ofrece información sobre servicios para el cuidado de personas mayores en Estados Unidos.

Joint Commission acredita hospitales, hogares de ancianos y otras organizaciones para el cuidado médico. Un grupo de investigadores especialmente entrenados evalúan si estas organizaciones cumplen con los estándares establecidos. Usted puede averiguar sobre una instalación médica, y también compararla con otras, en el sitio web www.qualitycheck.org (en inglés). Joint Commission también acepta quejas de los consumidores. Usted puede presentar su queja siguiendo las instrucciones disponibles en su sitio web www.jointcommission.org/report_a_complaint.aspx (en inglés). Si usted busca un asilo de ancianos o un lugar con cuidados y servicios de asistencia para vivir, estas organizaciones pueden ayudar:

- Nursing Home Compare, operada por el Departamento de Salud y Servicios Humanos de EE. UU., lo ayudará a comparar las instituciones en diversos estados. Visite www.medicare.gov/Spanish/Overview.asp o llame al 1-800-633-4227. Para español presione el 2.

SALUD

¡ALERTA! CUIDADO CON LAS ESTAFAS DE SEGURO MÉDICO

Los estafadores están aprovechándose de la nueva ley de salud para perjudicar a los consumidores. Esto afecta no solo el bolsillo de los consumidores sino también su cobertura de salud. Usted puede tomar las siguientes medidas para evitar ser víctima de un fraude:

- No pague por recibir ayuda en el Mercado de Seguros Médicos. Usted puede obtener sin costo alguno ayuda oficial para encontrar el plan que más le conviene.
- No dé su información personal si alguien lo llama diciendo que es del Gobierno o de Medicare.
- Infórmese sobre las fechas de inscripción abierta. Si alguien le ofrece inscribirse o cambiar de plan en otras fechas probablemente se trate de un fraude.
- Haga preguntas si no entiende algo. Si sigue confundido vuélvelo a revisar.

Si usted sospecha que ha sido víctima de un fraude, repórtelo al departamento de policía local y presente una queja a la Comisión Federal de Comercio (www.ftccomplaintassistant.gov/Consumer_HomeES.htm). También puede contactarse con el Mercado de Seguros Médicos a través de su sitio web www.cuidadodesalud.gov o por teléfono al 1-800-318-2158.

- Eldercare Locator (www.eldercare.gov), otro servicio del Departamento de Salud y Servicios Humanos de EE. UU., ofrece información y servicios a quienes buscan recursos de ayuda a nivel local y estatal para personas de la tercera edad.
- LeadingAge (www.leadingage.org, en inglés) es un portal con información para consumidores que lo ayuda a buscar organizaciones sin fines de lucro que cumplen con las necesidades de los ancianos.
- Assisted Living Federation of America (www.alfa.org, en inglés) es un organismo que representa a las instalaciones, con o sin fines de lucro, que proveen servicios de asistencia para personas que requieren ayuda con necesidades básicas para mantener la vida. Para más información, llame al 703-894-1805.
- La Comisión de Acreditación de Instalaciones de Rehabilitación (www.carf.org, en inglés) otorga su sello de aprobación a las instalaciones calificadas. Llame al 1-888-281-6531 para más información.

MEDICAMENTOS CON RECETA MÉDICA

Su farmacéutico atiende una parte importante de su cuidado médico proporcionando los medicamentos recetados por sus doctores u otros profesionales médicos. Es importante que usted le tome interés y se comunique honestamente con su farmacéutico. Asegúrese que su farmacia tenga registrada su actual compañía de seguro de salud y de medicamentos para que usted obtenga el mejor precio posible.

Si usted tiene dificultad para pagar sus medicamentos, póngase en contacto con el fabricante. Algunas compañías farmacéuticas tienen programas de asistencia para pacientes que lo ayudan a pagar su medicina.

Es posible que usted decida reemplazar una visita a la farmacia por una visita a una farmacia virtual. Aunque algunas de estas farmacias ofrecen servicios legítimos, otras son fraudulentas y ofrecen medicamentos con receta a bajos precios. Tenga cuidado con estas últimas que pueden causarle más daño que bien al venderle medicamentos de contrabando o que no son para tratar su condición médica. Las farmacias fraudulentas en Internet también pueden perjudicar su bolsillo al poner en riesgo su privacidad. Es posible que no cuenten con los procesos de seguridad para proteger su información personal, como por ejemplo los números de su tarjeta de crédito y la dirección de su domicilio. También le podrían cobrar por medicamentos que nunca recibió.

Tenga cuidado con sitios que:

- Venden medicamentos sin pedir una receta
- Ofrecen medicamentos con grandes descuentos que parecen muy buenos para ser verdad
- No cuentan con licencia y dirección postal en Estados Unidos
- Envían e-mails no solicitados (*spam*) ofreciendo drogas a bajo precio
- No cuentan con un farmacéutico acreditado para responder a sus preguntas

Usted puede revisar la base de datos de la Administración de Alimentos y Medicamentos (FDA, sigla en inglés) con datos sobre farmacias virtuales que son seguras. Para obtener consejos para protegerse, visite www.fda.gov/ForConsumers/ConsumerUpdates/ucm321623.htm o llame al 1-888-463-6332. Si usted sospecha de una farmacia fraudulenta, repórtela y presente una queja ante la FDA: www.fda.gov/Safety/ReportaProblem/ucm059315.htm (en inglés).

COBERTURA DE MEDICARE PARA MEDICINAS CON RECETA MÉDICA

La cobertura de medicamentos recetados de Medicare (Parte D) ayuda a las personas mayores y otras personas elegibles con el pago de las prescripciones médicas que necesitan. Si usted cuenta con Medicare Advantage, esta cobertura la encuentra bajo la Parte C. Todos los afiliados a Medicare pueden unirse a un plan de medicamentos

SALUD

ROBO DE IDENTIDAD MÉDICA

El robo de identidad médica ocurre cuando alguien le roba su información personal para obtener atención médica, comprar medicamentos o presentar reclamaciones falsas en su nombre a su aseguradora o Medicare. Para evitar el robo de identidad médica usted puede:

- Proteger sus números del Seguro Social, Medicare y seguro médico. Solo dé su información personal a su médico u otros proveedores autorizados de atención médica.
- Revise los resúmenes de atención médica que recibe de su seguro médico o Medicare después de cada visita al doctor y asegúrese de que coinciden con los servicios que recibió. Si usted encuentra cargos que no reconoce, repórtelos a su seguro médico o a Medicare.
- Solicite una copia de su historia médica y revise con cuidado que no contiene errores o enfermedades que usted no tiene.

Si usted cree que ha sido víctima de robo de identidad médica, avísele al departamento de fraude de su compañía de seguro médico y presente una queja ante la Comisión Federal de Comercio a través de su formulario en Internet www.ftccomplaintassistant.gov/Consumer_HomeES.htm o por teléfono al 1-877-438-4338. Si usted sospecha que ha sido víctima de fraude de Medicare, comuníquese con el Inspector General del Departamento de Salud y Servicios Humanos por teléfono 1-800-447-8477 o por correo electrónico a HHSTips@oig.hhs.gov.

para obtener esta cobertura. Sin embargo, no todos los planes de medicamentos de Medicare son iguales. Si usted no está seguro si un plan para la cobertura de medicinas es aprobado por Medicare, llame al 1-800-633-4227. Para español presione el 2.

En las tarjetas de descuento para medicamentos, busque el sello "Medicare Approved" (aprobado por Medicare) para asegurarse de que usted está recibiendo la mejor opción. La cobertura de medicamentos recetados de Medicare cubre hasta $ 2,850 en gastos pagados. Una vez que los costos de sus medicamentos recetados exceda

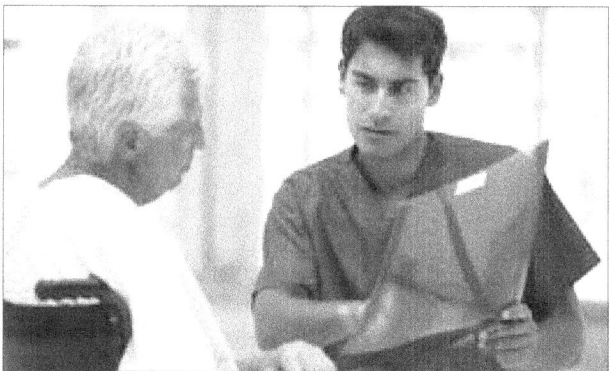

esa cantidad, usted no tendrá mayor cobertura y será responsable de pagar el costo total de sus medicinas hasta que vuelva a comenzar otro periodo de su cobertura de medicamentos. Usted empieza una cobertura nueva cuando los gastos de su bolsillo alcanzan a $4,550. Cualquier cantidad entre $2,850 y $4,550 en gastos de medicamentos recetados se encuentra sin cobertura de Medicare o en el periodo conocido en inglés como "donut hole". Si usted alcanza este "donut hole" en 2014, conseguirá automáticamente un descuento del 52.5 por ciento en medicamentos de marca y un descuento del 28 por ciento en medicamentos genéricos, siempre y cuando sean cubiertos por el plan.

Si usted tiene escasos ingresos y recursos, podría conseguir ayuda suplementaria para cubrir medicinas recetadas a un costo menor o ningún costo para usted. Para más información, comuníquese con los Centros de Servicios de Medicare y Medicaid (pág. 75) o visite es.medicare.gov.

DIRECTIVAS MÉDICAS ANTICIPADAS

Toda persona se enfrenta a la posibilidad de quedar incapacitada en un momento de su vida. Con frecuencia esto sucede cuando se acerca la muerte, pero también puede ser el resultado de una condición temporal. Muchas personas asumen que automáticamente sus cónyuges o hijos podrán tomar decisiones médicas y/o financieras en su lugar, pero esto no es necesariamente cierto.

Las directivas anticipadas son un documento escrito que le dice a su médico qué tipo de tratamiento usted desea recibir en caso de que no pueda expresar sus decisiones médicas (por ejemplo, si usted está en un estado de coma). Los formularios y las leyes varían de estado a estado, así que es una buena idea entender las leyes del estado donde usted vive para escribir sus directivas anticipadas. También es una buena idea hacerlo antes de que usted esté muy enfermo. La ley federal requiere que los hospitales, asilos y otras instituciones que reciben fondos de Medicare o Medicaid proporcionen información por escrito sobre las directivas anticipadas a todos los pacientes a su ingreso.

Un testamento en vida es un tipo de directiva anticipada que entra en vigor cuando una persona tiene una enfermedad terminal. Un testamento en vida no permite elegir a otra persona para tomar decisiones en su nombre, pero permite especificar el tipo de tratamiento que desea recibir en situaciones específicas. Por ejemplo, la persona puede escoger no ser tratada con antibióticos si la muerte es inminente. Asimismo, si lo desea, puede incluir una directiva anticipada para no ser resucitado si su corazón deja de latir o si usted deja de respirar. En este caso, es necesario incluir una Orden de No Resucitar (DNR, sigla en inglés) en el historial médico.

Poder legal para decisiones médicas

Un poder legal para decisiones médicas especifica la persona que ha elegido para tomar decisiones médicas por usted. Este documento entra en vigor cuando usted está inconsciente o es incapaz de tomar decisiones médicas. Es necesario elegir a una persona que cumpla con los requisitos legales en su estado para que actúe como su apoderado. Las leyes estatales varían, pero la mayoría de los estados descalifican a los menores de 18 años, su proveedor de atención médica o personas que trabajen allí.

La persona que usted nombre como su apoderado debe:

- Estar dispuesta a hablar e interceder por usted
- Estar dispuesta a lidiar con los conflictos entre amigos y familiares, si fuera el caso
- Conocerlo bien y entender sus deseos
- Estar dispuesta a hablar con usted acerca de estos temas
- Ser una persona en la que usted confía con su vida

Para consultar información sobre seguros, usted puede contar con el Instituto de Información sobre Seguros (www.iii.org/insurance_topics/coverage/espanol o llame al 1-800-331-9146), la Asociación Nacional de Comisionados de Seguros (www.insureuonline.org/espanol/ o llame al 1-866-470-6242) y el departamento de seguros de su estado (pág. 79). También puede consultar www.insure.com/es.

Siga los siguientes consejos al comprar cualquier tipo de seguro, ya sea de vivienda, vida, auto o arrendamiento:

- Averigüe si el departamento de seguros de su estado (pág. 79) brinda información sobre compañías de seguros y las tarifas que cobran.
- Consulte varias fuentes para encontrar la mejor oferta. Trate de obtener cotizaciones por Internet, pero tenga en cuenta que no encontrará todas las compañías de seguros con sus precios. Un agente de seguros independiente que trabaja para varias aseguradoras locales podría conseguirle una mejor oferta.
- Asegúrese de que la compañía de seguros tenga licencia y esté cubierta por el fondo de garantía del estado. El fondo paga los reclamos en caso de que la compañía no cumpla su obligación. El departamento de seguros de su estado puede proporcionarle esta información.
- Verifique la solidez y estabilidad financiera de la compañía de seguros. Las calificaciones otorgadas por A.M. Best (www.ambest.com, en inglés), Standard & Poor's (www.standardandpoors.com, en inglés) y Moody's Investors Services (www.moodys.com, en inglés) están disponibles en Internet y en la mayoría de bibliotecas públicas.
- Investigue el historial de quejas de la compañía. Comuníquese con el departamento de seguros de su estado o visite el sitio web de la Asociación Nacional de Comisionados de Seguros (www.insureuonline.org/espanol), que incluye una base de datos de las quejas presentadas ante las entidades reguladoras estatales.
- Averigüe lo que otras personas piensan sobre el servicio de atención al cliente de la compañía. Los consumidores pueden dar una calificación a las compañías de seguros en ratings.jdpower.com/insurance/index.htm (en inglés).
- Una vez pagada la cuota inicial del seguro, asegúrese de obtener una póliza por escrito. Esto le indica que el agente envió su pago a la compañía de seguros. Si no recibe la póliza en un plazo de 60 días, póngase en contacto con su agente y con la compañía de seguros.

Si sospecha que se trata de un fraude, llame a la línea gratuita de la Oficina Nacional de Crimen de Seguros al 1-800-835-6422. Para más información, visite www.insurancefraud.org/spanish.

SEGURO DE AUTOS

Los requisitos para obtener un seguro de auto varían de estado a estado. Consulte con la entidad reguladora de seguros en su estado para saber cuáles son sus obligaciones, así como con las aseguradoras para conocer sus pólizas.

Para obtener la mejor cobertura al mejor precio y así ahorrarse cientos de dólares al año, pida varias cotizaciones de aseguradoras. Las siguientes pautas sugieren otras formas para reducir el costo del seguro:

- Aumente los deducibles en las coberturas completas y de colisión. Si tiene un vehículo antiguo puede ser preferible eliminar estas coberturas totalmente.
- Aproveche los descuentos. Algunas compañías ofrecen descuentos a los conductores que recorren menos de cierta cantidad de millas al año, a los estudiantes que tienen buenas calificaciones, a las personas que han tomado un curso de conducir y a las que tienen más de 25 o 50 años.
- Asegure más de un vehículo o asegúrelo con la misma compañía que asegura su vivienda si le ofrecen un descuento adicional.
- Mantenga su historial de conducir sin infracciones o accidentes en los últimos tres años consecutivos.

SEGUROS

- Aproveche los incentivos de las aseguradoras para vehículos con dispositivos antirrobo o de seguridad, como las bolsas de aire.

También puede encontrar información valiosa para propietarios de autos en la sección "Autos" (pág. 7).

SEGURO DE INCAPACIDAD LABORAL

El seguro de discapacidad le ayuda a sustituir su salario perdido si usted no puede trabajar debido a una enfermedad o lesión. Muchos empleadores ofrecen algún tipo de cobertura de seguro de discapacidad para empleados, o usted puede conseguir una póliza individual. Hay dos tipos de pólizas para discapacidad: discapacidad a corto plazo y discapacidad a largo plazo. Las pólizas a corto plazo tienen un beneficio máximo de dos años, mientras que las pólizas a largo plazo tienen beneficios que pueden durar por el resto de su vida.

Antes de obtener de un seguro de incapacidad laboral pregunte:

- **¿Cómo se define la incapacidad laboral?** Algunas pólizas consideran que la persona está incapacitada si no puede llevar a cabo ningún tipo de trabajo. Los mejores planes pagan beneficios si la persona está incapacitada para realizar las tareas propias de su ocupación habitual.
- **¿Cuándo comienzan los beneficios?** La mayoría de los planes requieren un periodo de espera al hacer un reclamo por enfermedad antes que comiencen los pagos.
- **¿Cuánto duran los beneficios?** Luego del periodo de espera, los pagos suelen estar disponibles hasta que la persona cumpla los 65 años, aunque también hay periodos más cortos o más largos.
- **¿Qué cantidad de dinero prometen pagarle?** ¿Pueden verse reducidos los beneficios por los pagos de incapacidad del Seguro Social y las indemnizaciones por accidentes laborales? ¿Se ajustan los beneficios a la inflación? ¿Continuará el proveedor de la póliza con las contribuciones a su plan de pensión para que usted tenga beneficios de jubilación al finalizar la cobertura por incapacidad?

SEGURO DE SALUD

Ley del Cuidado de Salud a Bajo Precio

La Ley del Cuidado de Salud a Bajo Precio (ACA, sigla en inglés) puso en vigencia a partir de 2010 la reforma integral del seguro de salud. La ley tiene el propósito de reducir los costos del cuidado de salud, proporcionar más opciones de cuidado médico y mejorar la calidad del cuidado de salud para todos los estadounidenses. Las disposiciones más importantes que afectan a los consumidores incluyen:

- Cobertura para las personas mayores que reciben medicamentos recetados de Medicare (Parte D) y que llegaron al periodo de interrupción de cobertura, conocido como "donut hole" (pág. 38), así como un reembolso para las personas que alcancen ese periodo.
- Cobertura ampliada para adultos jóvenes, permitiéndoles mantener su cobertura médica dentro del plan de sus padres hasta la edad de 26 años.
- Acceso a un seguro médico para personas no aseguradas con condiciones preexistentes.
- Cuidado preventivo ampliado (por ejemplo, citas para el bienestar de la salud y mamografías) a participantes de los seguros de Medicare y Medicaid.
- Cobertura médica a niños no elegibles bajo el seguro de Medicaid.

Para más información sobre el Mercado de Seguros Médicos, visite www.cuidadodesalud.gov/es.

Seguro colectivo

Muchas personas obtienen su seguro de salud a través de su empleador. Otros obtienen atención médica pagada a través de un programa gubernamental como Medicare (pág. 75), Medicaid (pág. 75) o el Departamento de Asuntos de los Veteranos (pág. 74).

Si usted ha perdido el seguro de salud que recibía a través de su empleador debido a la pérdida de empleo, fallecimiento, divorcio o pérdida de la condición de "hijo dependiente", tal vez pueda continuar con su cobertura temporalmente bajo la Ley de Reconciliación del Presupuesto General Consolidado (COBRA, sigla en inglés). Usted, y no el empleador, paga por esta cobertura. En cualquiera de estos casos, le deberán dar al menos 60 días para que usted decida si desea adquirir la cobertura.

Medicare y Medicaid

También existen programas de seguro médico para personas mayores, personas con discapacidad o personas con bajos ingresos.

- **Medicaid** proporciona un seguro médico para las personas con bajos ingresos, niños y mujeres embarazadas. La elegibilidad es determinada por el estado en el que vive.
- **Medicare** proporciona un seguro médico para personas de 65 años de edad o mayores, con la excepción de

SEGUROS

algunas personas menores de 65 años con insuficiencia renal (del riñón) o discapacidades.

Comuníquese con los Centros de Servicios de Medicare y Medicaid (pág. 75) para más información sobre los beneficios.

La mayoría de los estados también ofrecen cobertura gratuita o de bajo costo para niños que no tienen seguro médico. Para más información, visite el sitio web espanol.insurekidsnow.gov o llame gratis al 1-877-543-7669 y pida hablar en español.

PLANES DE SEGURO MÉDICO

Al adquirir un seguro médico, por lo general, sus opciones caerán dentro de una de estas tres categorías:

- **Los planes tradicionales de pago por servicio** suelen ser la opción más costosa. Sin embargo, ofrecen mayor flexibilidad para seleccionar un proveedor de atención médica.
- **Las organizaciones de mantenimiento de la salud** (HMO, sigla en inglés) ofrecen copagos más bajos y cubren los costos de un mayor número de servicios preventivos, pero las opciones de proveedores de atención médica son limitadas. El Comité Nacional de Aseguramiento de Calidad (www.ncqa.org, en inglés) evalúa y acredita a las HMO. Usted puede averiguar si una de estas está acreditada en su estado, llamando al 1-888-275-7585.
- **Las organizaciones de proveedores preferidos** (PPO, sigla en inglés) ofrecen copagos más bajos, al igual que las HMO, pero le brindan mayor flexibilidad al momento de seleccionar un proveedor. Un plan de PPO le proporciona una lista de proveedores de la cual usted puede elegir.

ADVERTENCIA: Si usted recibe atención médica fuera de la red de su plan de HMO o PPO, es posible que tenga que pagar una parte o la totalidad de los costos.

Al elegir entre los distintos planes de atención médica, deberá leer los contratos y hacer numerosas preguntas, tales como:

- ¿Tengo derecho a ir a cualquier médico, hospital, clínica o farmacia que elija?
- ¿Están cubiertos los servicios de especialistas tales como oftalmólogos y dentistas?
- ¿Cubre el plan condiciones o tratamientos especiales, tales como embarazo, atención psiquiátrica y terapia física?
- ¿Cubre el plan servicios domiciliarios o atención en un hogar de ancianos y convalecientes?
- ¿Cubrirá el plan todos los medicamentos que el médico pudiera recetarme?
- ¿A cuánto ascienden los deducibles? ¿Hay algún copago? El deducible es la cantidad que usted debe pagar antes de que su compañía de seguro pague por un reclamo. Los deducibles son distintos a los co-pagos, los cuales representan la cantidad de dinero que usted paga cuando recibe servicios médicos o una prescripción.
- ¿Qué es lo máximo que tendré que pagar de mi bolsillo para cubrir los gastos?
- En caso de que hubiera una disputa sobre una factura o un servicio, ¿cómo se manejaría? En algunos planes se le puede solicitar que busque a un tercero para resolver el problema.

SEGURO PARA PROPIETARIOS DE VIVIENDA E INQUILINOS

Usted puede ahorrar cientos de dólares al año en un seguro de propietario de vivienda si compara precios. También puede ahorrar siguiendo estos consejos:

- Considere pagar un deducible mayor. Aumentar su deducible en algunos cientos de dólares puede reducir considerablemente el costo de la prima.
- Infórmese con su agente de seguros sobre los posibles descuentos. Usted puede conseguir una prima menor si su vivienda tiene dispositivos de seguridad tales como cerrojos, detectores de humo, sistema de alarma, ventanas con doble cristal o techo con material resistente al fuego. Las personas mayores de 55 años y los clientes a largo plazo también pueden recibir descuentos.
- Asegure su casa, NO el terreno donde esté. Después de una catástrofe el terreno sigue en su lugar. Si usted no resta el valor del terreno al determinar la cantidad del seguro de propietario de vivienda, pagará más de lo debido.
- Asegúrese de adquirir suficiente cobertura para reemplazar lo que está asegurado. La cobertura de "reemplazo" le brinda el dinero necesario para

PROTEJA SU PROPIEDAD DE ALMACENAMIENTO

Muchas personas arriendan unidades de almacenamiento para guardar objetos que no entran en su casa o no utilizan con frecuencia. Siga estos pasos para proteger sus bienes contra el robo y los daños:

- **Obtenga un seguro.** Póngase en contacto con su compañía de seguros para preguntar si su póliza de propietario de vivienda o inquilino cubre el contenido de la unidad de almacenamiento. Si es así, averigüe cuál es el límite monetario de la cobertura y si cubre el valor del objeto perdido o el valor de la reposición.
- **Mantenga un inventario.** Haga un inventario detallado de todo lo que tiene en la unidad de almacenamiento.
- **Sea selectivo.** Evite guardar documentos con su información personal (número de Seguro Social, fecha de nacimiento) que pueden ser robada y utilizada por los ladrones de identidad. Guarde los documentos importantes en un lugar con acceso más controlado.

SEGUROS

reconstruir su vivienda y reemplazar su contenido. Una póliza de "valor real en efectivo" es más económica, pero solo paga por el valor de la propiedad al momento de la pérdida: lo que usted pagó menos la depreciación por años y desgaste.

- Infórmese acerca de cualquier cobertura especial que pueda necesitar. Usted podría tener que pagar una suma adicional por computadoras, cámaras, joyas, obras de arte, antigüedades, instrumentos musicales, colecciones de estampillas, etc.
- Recuerde que los daños causados por inundaciones y terremotos no están cubiertos por una póliza sencilla de propietario de vivienda. El costo de una póliza independiente contra terremotos dependerá de las probabilidades de que se produzcan terremotos en su área. Aquellos propietarios que viven en áreas propensas a inundaciones deben aprovechar los beneficios que ofrece el Programa Nacional de Seguros contra Inundaciones. Visite www.fema.gov/esp/ para más información.
- Si usted es un inquilino, NO asuma que el dueño de la propiedad tiene un seguro que cubre sus efectos personales. Adquiera una póliza especial para inquilinos.

MANTENGA UNA COPIA DE LOS INFORMES DE SEGURO
Si usted está pensando en obtener una nueva póliza de seguro para su auto o casa, asegúrese de pedir una copia gratis del informe especializado que su aseguradora utilizará para determinar si le venderá una póliza. Lea "Informes especializados sobre el consumidor" (pág. 34).

SEGURO DE VIDA

Su necesidad de un seguro de vida variará con los cambios que tengan lugar en su vida. Por ejemplo, la llegada de un hijo suele ocasionar un notable aumento de la cantidad de seguro que necesita. A medida que los hijos vayan creciendo y abandonando la casa paterna, probablemente usted necesitará una protección menor. Usted también debe considerar sus pólizas de seguro de vida al planificar su jubilación (pág. 31).

Las pólizas de seguro de vida a término fijo son las menos costosas. Estas pagan exclusivamente beneficios por fallecimiento y carecen de valor en efectivo si usted decide dejar de realizar los pagos. Como lo sugiere la frase "a término fijo", estas pólizas están vigentes por un periodo específico, que suele ser de un año o hasta que la persona cumpla cierta edad.

Las pólizas de vida entera, de vida universal y otras pólizas con acumulación de valor en efectivo combinan un producto de inversión y de ahorro a largo plazo con un seguro de vida. Cancelar estas pólizas pocos años después de adquiridas podría elevar al doble o más los costos de su seguro de vida.

Si usted ha extraviado una póliza de seguro de vida, la comisión de seguros de su estado podría ayudarlo a localizarla. Usted también puede buscarla en www.policylocator.org (en inglés). Si la compañía de seguros sabe que una persona asegurada ha fallecido, pero no puede localizar a los beneficiarios, la compañía debe entregar los beneficios a la Oficina de Propiedades Sin Reclamar del estado: www.unclaimed.org (en inglés). Averigüe con esta oficina si usted cree que puede reclamar un beneficio.

Usted puede evitar que se pierda su póliza de seguro de vida dejándole a sus beneficiarios una copia en su testamento.

ATENCIÓN MÉDICA A LARGO PLAZO

Los avances médicos han dado lugar a un aumento en la necesidad de atención en hogares de ancianos y convalecientes, así como de asistencia para la vida diaria. La mayoría de los planes de seguros médicos y de Medicare limitan en gran medida o excluyen los planes de atención médica a largo plazo. Usted debe considerar estos costos al planificar para su jubilación (pág. 31).

Estas son algunas preguntas para tener en cuenta al considerar una póliza de seguro de atención médica a largo plazo.

- **¿Qué requisitos lo hacen elegible para recibir beneficios?** Algunas compañías de seguros plantean que la persona deberá ser incapaz de realizar una cantidad específica de las siguientes actividades de la vida diaria: alimentarse, caminar, ir de la cama a una silla, vestirse, bañarse, utilizar el baño y controlar sus esfínteres.
- **¿Qué tipo de atención está cubierta?** ¿Cubre la póliza atención médica en hogares de ancianos y convalecientes? ¿Ofrece cobertura para instalaciones de asistencia para la vida diaria que prestan menos cuidados que un hogar de ancianos y convalecientes? Si la persona desea permanecer en su hogar, ¿cubrirá la póliza los cuidados brindados por enfermeras y terapeutas visitantes? ¿Qué cubre en cuanto a ayuda en la preparación de los alimentos y la limpieza del hogar?
- **¿A cuánto ascenderá el beneficio?** La mayoría de los planes están creados para proporcionar un beneficio específico en dólares al día. El beneficio correspondiente a la atención domiciliaria suele ser alrededor de la mitad del beneficio correspondiente a la atención en un hogar de ancianos y convalecientes. Sin embargo, algunas pólizas pagan la misma cantidad para los dos tipos de atención. Otros planes pagan solamente por los gastos reales.
- **¿Cuál es el periodo de beneficio?** Es posible obtener una póliza con beneficios de por vida, pero esta puede ser muy costosa. Otras opciones de cobertura se extienden de uno a seis años. La estadía media en los hogares de ancianos y convalecientes es de aproximadamente 2.5 años.

TELECOMUNICACIONES

- **¿Se ajustan a la inflación los beneficios?** Si usted adquiere una póliza antes de los 60 años, corre el riesgo de que un beneficio diario fijo no sea suficiente en el momento en que lo necesite.
- **¿Existe un periodo de espera antes que comiencen los beneficios?** Suele haber un periodo de espera de 20 a 100 días.

OTROS SEGUROS

- **Seguro de salud por catástrofe.** Un plan de salud que solo cubre ciertos tipos de cuidado más costosos, como las hospitalizaciones.
- **Seguro de vista y seguro dental.** Algunas compañías que ofrecen planes de seguro médico también permiten que los empleados obtengan por separado un plan dental y un plan de vista, los cuales no son incluidos en la mayoría de los planes de salud estándares.
- **Seguro contra robo de identidad.** Este tipo de seguro proporciona un reembolso a las víctimas por el costo de restaurar su identidad y corregir los informes de crédito. Algunas compañías ahora incluyen este seguro como parte de su póliza de seguros para propietarios y otras lo venden como una póliza independiente.
- **Seguro de atención médica internacional.** Esta es una póliza que proporciona cobertura médica en cualquier parte del mundo. La duración de la póliza es flexible, de modo que puede adquirirla solo para el periodo que estará fuera del país.
- **Seguro de responsabilidad.** Seguro que cubre lo que el titular de la póliza está obligado por ley a pagar por daño corporal o daño material causado a un tercero.
- **Seguros de viaje.** Hay cuatro clases de seguros de viaje: seguros de cancelación de viaje, cobertura de equipaje o efectos personales, cobertura médica de emergencia y muerte accidental. Lea la sección "Viajes" (pág. 54) para más información sobre este tema.
- **Seguro paraguas.** Se conoce con ese nombre al seguro que complementa los otros tipos de seguro que usted ya tiene para su casa, auto y otra propiedad personal. Este tipo de seguro puede ayudar a cubrir los costos que exceden los límites de las otras pólizas.

Póngase en contacto con su actual proveedor de seguro o la comisión de seguros de su estado para más información sobre estas pólizas de seguro.

INTERNET

Cómo elegir un proveedor de Internet

Para conectarse a Internet, usted necesita un proveedor de servicios de Internet (ISP, sigla en inglés). Algunas compañías solo ofrecen el servicio a Internet. Otras compañías, como las empresas de teléfono o cable, pueden ofrecer acceso a Internet como parte de un paquete de servicios. Considere estos factores cuando elija un proveedor:

- **Velocidad.** Si usted solo piensa utilizar Internet para revisar su e-mail y visitar sitios web le será suficiente tener acceso a Internet a través de una conexión telefónica. Sin embargo, la mayoría de las personas también desean bajar música, programas de televisión o ver videos. Para estos servicios necesitará un sistema de acceso a Internet de banda ancha que le permita ingresar a través de tecnologías de alta velocidad, como una línea de suscripción digital, un módem de cable o una conexión por satélite.
- **Disponibilidad.** ¿Qué compañías ofrecen servicios en su área?
- **Conexión inalámbrica.** ¿Puede conseguir conexión inalámbrica para las otras computadoras de su casa?
- **E-mail.** ¿Cuántas cuentas de e-mail incluye el servicio? ¿Cuál será el límite de almacenaje de su casilla?
- **Software.** ¿Se necesita un programa para activar el servicio?
- **Soporte técnico.** ¿Cómo puede recibir ayuda (teléfono, e-mail, chat, etc.)? ¿Es gratuito?
- **Características especiales.** ¿Qué servicios ofrecen para bloquear el *spam* y dar protección? ¿Tienen mensajes instantáneos y salas de chat?
- **Condiciones del servicio.** ¿Existe un límite a su consumo de datos al mes?

TELECOMUNICACIONES

PROTEJA A LOS NIÑOS EN INTERNET

La Ley de Protección de la Privacidad Infantil en Internet (COPPA, sigla en inglés) exige que los sitios web y las aplicaciones obtengan el consentimiento de los padres antes de recopilar, utilizar o revelar información personal sobre los niños menores de 13 años.

En 2013, la Comisión Federal de Comercio (pág. 73) aumentó a la lista los nombres de usuario, identificación del teléfono celular, direcciones de IP, fotos, vídeos y grabaciones de voz de los niños. También prohíbe que los sitios recopilen los nombres, direcciones, números de teléfonos y e-mails de los niños. Visite www.alertaenlinea.gov/articulos/s0031-como-proteger-la-privacidad-de-su-hijo-en-internet para encontrar más formas de proteger la privacidad de su hijo en Internet.

- **Costo.** ¿Cuánto es el pago mensual por el servicio? ¿Existen cargos por el alquiler de un módem o por la instalación?

Conexión inalámbrica (wi-fi)

Una conexión inalámbrica le permite usar su computadora desde lugares distintos. Sin embargo, cuando usted tiene mayor libertad para conectarse a Internet, corre un mayor riesgo de que su sistema sea más vulnerable. Para recibir Internet de esta manera es necesario que usted tenga acceso a una red inalámbrica a través de un enrutador inalámbrico (*wireless router*). Es importante que usted proteja su red para evitar que personas desconocidas (o vecinos) puedan usarla sin su conocimiento. Proteger su red también evita que los *hackers* puedan usar su red para acceder a la información personal que usted guarda o envía desde su computadora. Esto es particularmente importante si usted realiza transacciones financieras por Internet. Por esto usted debe tomar medidas para proteger su red inalámbrica. Además, si usted piensa utilizar la conexión inalámbrica de bibliotecas, aeropuertos u otros lugares públicos, debe tomar precauciones para proteger su privacidad.

En su casa:

- **Active el cifrado.** Cuando usted compra un enrutador inalámbrico, es importante activar la función de cifrado. Esto codifica la información que usted envíe a través de Internet para que otras personas no puedan interceptarla.
- **Cambie el nombre de su enrutador.** Los enrutadores vienen con un nombre predeterminado. Cámbielo a uno que solo usted reconozca.
- **Cambie la contraseña.** Los enrutadores vienen con una contraseña predeterminada. Cree una nueva contraseña con una combinación de letras, números y caracteres especiales.
- **Apague el enrutador** cuando no lo esté usando.

- **Esté al tanto de los cookies.** Los *cookies* son pequeños archivos de texto que algunos sitios web colocan en su computadora para recolectar información sobre las páginas que usted visita y sus actividades en el sitio. Estos archivos pequeños también permiten que el sitio lo reconozca cuando usted vuelve a visitarlo a fin de facilitar la navegación del sitio web. Para más información, visite www.consumidor.ftc.gov/articulos/s0042-cookies-dejando-un-rastro-en-su-paso-por-la-red.

En las redes inalámbricas públicas:

- **No asuma que la red es segura.** La mayoría de las redes inalámbricas públicas no cifran la información que envían. Evite enviar información personal desde un lugar público o considere usar una red virtual privada (VPN, sigla en inglés) para proteger la información enviada vía redes públicas.
- **Utilice solo sitios web seguros.** Si usted necesita enviar información privada a través de una red pública, asegúrese de que la dirección web empiece con con "https" (la "s" significa seguro). Busque que esté en cada página que visite.
- **Asegúrese de cerrar la sesión** cuando termine de usar un sitio web. Es mejor tomarse el trabajo de volver a iniciar la sesión que darle acceso a su nombre de usuario y contraseña a otra persona que utilice esa red.

Para obtener más información acerca de las redes inalámbricas visite www.alertaenlinea.gov.

Intercambio de archivos por Internet

Cada día millones de usuarios comparten archivos a través de Internet. Ya sea que se trate de música, juegos o programas, el intercambio de archivos a través de redes P2P (*peer-to-peer* o "de igual a igual") permite que las personas tengan acceso a toda clase de información. Los usuarios descargan un programa especial que conecta sus computadoras a una red informal de computadoras. Estos programas son a menudo gratis y de fácil acceso.

TELECOMUNICACIONES

¿QUIÉN ES EL DUEÑO DE LAS CANCIONES?

La compra de música por Internet le permite descargar canciones directamente en su computadora o dispositivos móviles. Sin embargo, usted no es dueño del archivo de música por el simple hecho de haber pagado por una canción. En realidad usted no compró la música, sino que adquirió una licencia para escucharla. La licencia pone condiciones en su capacidad de prestar, grabar una copia, compartir o transferir el contenido de su biblioteca musical. Aunque es probable que usted pueda utilizar las canciones en todos sus dispositivos personales, las reglas varían de un proveedor a otro. Antes de descargar o hacer clic en "I Agree" (acepto en inglés), lea los términos de servicio y conozca qué derechos tiene. Para obtener más información acerca de los derechos de autor digitales, póngase en contacto con la Oficina de Patentes y Marcas Registradas.

Sin embargo, el intercambio de archivos puede implicar ciertos riesgos. Por ejemplo, sin saberlo usted podría cuando está conectado a programas de intercambio de archivos permitir que otras personas copien archivos privados que usted no tenía intención de compartir, descargar material protegido por derechos de autor y enfrentar problemas legales, así como descargar un virus o propiciar un problema de seguridad. También podría, sin saberlo, descargar pornografía que aparezca identificada con un título que esconda de qué se trate.

Para proteger la información personal almacenada en su computadora, la Comisión Federal de Comercio le sugiere que:

- Utilice un buen programa antiespía.
- Cierre su conexión cuando no la esté usando.
- Use un antivirus eficaz y actualícelo regularmente.
- Hable con su familia sobre el intercambio de archivos.

Para obtener información más completa visite www.alertaenlinea.gov.

Derechos de autor en Internet

Hacer o descargar copias no autorizadas de un programa es violar la ley, sin importar de cuántas copias se trate. Ya sea que usted haga algunas copias para sus amigos, preste discos, distribuya y/o descargue un programa pirata a través de Internet o compre un único programa y luego lo instale en múltiples computadoras, usted está violando los derechos de autor. No importa si con esto usted gana dinero o no. Si usted o su compañía fueran sorprendidos copiando un programa informático, usted podría ser considerado responsable civil y penalmente ante la ley.

Si el propietario de los derechos de autor interpusiera una demanda en su contra, podría impedirle inmediatamente que usara su programa y también solicitar el pago de los daños monetarios. El propietario de los derechos de autor puede entablar una demanda por hasta $150,000 por cada programa copiado. Además, el Gobierno puede procesarlo por el delito de violación de los derechos de autor. Si se lo encuentra culpable, puede recibir una multa de hasta $250,000, una sentencia de prisión por hasta cinco años o ambas penalidades.

Para más información, visite Business Software Alliance, www.bsa.org/anti-piracy (en inglés).

Seguridad en Internet

El Internet ofrece acceso fácil a información, compras, entretenimiento, ofertas financieras y miles de otros servicios. Sin embargo, al usar Internet usted puede ser vulnerable ante estafadores, piratas cibernéticos y ladrones de identidad. El fraude en línea no se limita a compañías falsas. Los estafadores a menudo utilizan un URL similar al de un sitio legítimo y bien conocido para llevar a las personas a su sitio web fraudulento. Los delincuentes de Internet tratan de engañar a los clientes de estos sitios legítimos para que compartan su información personal, robarle la identidad o usar su tarjeta de crédito para estafas. Algunos estafadores se han hecho pasar por agencias del Gobierno, usando sus nombres en e-mails y anuncios falsos para obtener la información personal de los consumidores.

Para protegerse contra el fraude en Internet, adopte estas medidas prácticas:

- **Identifique al vendedor.** Si no lo conoce, investigue un poco.
- **Los sitios web de las empresas** proporcionan información en una sección llamada "Sobre nosotros". Algunos vendedores por Internet participan en programas como BBBOnLine (www.bbb.org/online, en inglés) que ayudan a resolver ciertos problemas. Busque un logotipo o sello que distinga la confiabilidad del vendedor en su sitio web.
- **Consulte en la oficina de ayuda al consumidor** local o de su estado (pág. 79).
- **Consulte los comentarios de otros consumidores** para verificar la confiabilidad de los vendedores por Internet. Algunos sitios de subastas por Internet publican las evaluaciones de los vendedores de acuerdo con los comentarios de los compradores. Esta información puede darle cierta idea de lo que puede esperar, pero tenga cuidado con las historias demasiado positivas ya que podrían haber sido puestas por los propios vendedores.
- **Proteja su información personal.** No dé sus datos personales ni su información financiera en respuesta a un e-mail, ventana emergente o un sitio web que no conozca.
- **Tome su tiempo y resista cualquier insistencia** de que debe actuar enseguida para mantener su cuenta abierta o para aprovechar una oferta especial.

TELECOMUNICACIONES

- **Use programas antivirus y antiespías,** así como cortafuegos, y actualícelos regularmente.
- **Proteja sus contraseñas.** Asegúrese de que sean complejas y no las comparta con nadie. Memorícelas.
- **Copie los archivos más importantes** en otra computadora o en una unidad de memoria USB. Si derrama el café en su computadora portátil, no perderá sus datos.

Sepa a quién contactar si tiene algún problema en Internet. Reporte cualquier sospecha de fraude a su banco, compañía de tarjeta de crédito o autoridad pertinente.

La Comisión Federal de Comercio (pág. 73) ofrece consejos para ayudarlo a hacer su computadora más segura, prevenir el fraude por Internet y proteger su información personal. Visite www.alertaenlinea.gov para mayor información. Si usted ha sido víctima de un fraude en línea, reporte su caso al Centro de Quejas de Delito en Internet a través de www.ic3.gov (en inglés). Para estar informado sobre las últimas amenazas cibernéticas, suscríbase al servicio de alertas por e-mail del Departamento de Seguridad Nacional: www.us-cert.gov (en inglés).

Evite el *spam*

El *spam* o e-mail basura no solo es indeseable, sino que puede ser ofensivo. Muchas veces se trata de contenido pornográfico que causa numerosas quejas de los consumidores. Para disminuir la cantidad de *spam* que usted recibe, dificúlteles la tarea de obtener y utilizar su dirección de e-mail a las personas que envían este tipo de mensajes.

- No use una dirección de e-mail obvia como: JuanPerez@isp.com. En lugar de eso, use números u otros dígitos, como por ejemplo, Juan9ere5@isp.com.
- Utilice una dirección de e-mail para amigos y familiares y otra para las demás personas. Es posible obtener direcciones gratuitas en la mayoría de los portales en Internet (Yahoo!, Hotmail, Gmail y otros). Existen proveedores de direcciones desechables en Internet que le permiten crear un e-mail temporal. Si una dirección atrae demasiados *spam*, deshágase de ella y cree una nueva.
- No publique su dirección de e-mail en un sitio web de uso público. Las personas que envían *spam* utilizan programas que recopilan direcciones de texto. Sustituya la dirección "juanperez@isp.com" por "juan perez arroba isp punto com" o muestre su dirección como una imagen gráfica, no en forma de texto.
- No ingrese su dirección en un sitio web sin antes verificar la política de privacidad de este.
- Al suscribirse a cualquier servicio en Internet, revise si en el formulario hay casillas que están seleccionadas, ya que frecuentemente conceden permiso al sitio o a sus asociados para contactarlo.

- No haga clic en el enlace "cancelar suscripción" de un e-mail que no conoce, a menos que usted confíe en el remitente. Estas acciones le permiten al remitente verificar su existencia.
- No reenvíe nunca las cartas en cadena, las peticiones, ni las alertas de virus. Aunque su último remitente sea una persona que usted conoce, no sabe quién originó esta cadena y puede tratarse de un truco para recopilar direcciones.
- Deshabilite la "vista previa" de su e-mail. Esto evita que el *spam* le informe al remitente que usted lo ha recibido.
- Elija un proveedor de servicio de Internet que filtre el e-mail. Si usted recibe una gran cantidad de *spam*, puede que su proveedor no esté filtrándolos correctamente.
- Utilice programas para bloquear el *spam*. A menudo, los navegadores de Internet incluyen opciones de filtro. También puede adquirir programas especiales que realicen esta tarea.
- Reporte el *spam*. Avise a su proveedor de servicio de Internet (ISP) que hay *spam* que está escapando a sus filtros. La Comisión Federal de Comercio también desea información sobre los "e-mails comerciales no solicitados". Reenvíe el *spam* a uce@ftc.gov.

TELÉFONOS

Las opciones de servicio telefónico nunca han sido tan variadas. La mayoría de los consumidores pueden obtener servicio telefónico local y de larga distancia de una compañía telefónica, una compañía de servicio de cable o televisión satelital o de un proveedor de servicio de Internet. Estas compañías ofrecen muchos servicios opcionales, sea en paquete o por separado, tales como buzón de mensajes, llamada en espera, identificador de llamadas, localizador y servicio *wi-fi*. Antes de tomar una decisión, piense en el uso que le da al teléfono y luego compare servicios y precios.

- ¿A quién llama usted con mayor frecuencia?
- ¿A qué hora del día o qué día de la semana realiza usted llamadas?
- ¿Necesita el servicio de llamada en espera y/o un identificador de llamadas?
- ¿Hasta qué punto es importante para usted llevar el teléfono cuando está lejos de su casa?

Averigüe cómo fija cada compañía los precios de sus servicios. ¿Existen requisitos mínimos con respecto a la utilización del servicio, la distancia o el momento del día, tarifas mensuales fijas o planes especiales? Por ejemplo, el servicio celular puede ser más económico que el servicio telefónico regular local si usted no realiza muchas llamadas. Asegúrese de comparar los precios en planes y características similares. Entienda que varios proveedores de servicio ofrecen contratos para periodos específicos. Lea la letra pequeña y haga preguntas si no está seguro de algo.

TELECOMUNICACIONES

RENOVACIÓN ANTICIPADA: ¿VALE LA PENA?

Parece que justo después de que uno obtiene un teléfono celular nuevo, otro con mejores características aparece en el mercado. La mayoría de contratos de celulares le permiten renovar su teléfono después de dos años. Sin embargo, varias compañías de telefonía móvil están ofreciendo un nuevo tipo de plan que le permite renovar anticipadamente su teléfono móvil. Mientras que los contratos normales requieren que usted pague solo una parte del costo total del teléfono (hasta $250), estos nuevos planes podrían obligarlo a pagar el costo total del teléfono ($600 o más). Antes de cambiar su contrato, pregunte:

- ¿Hay un costo por la renovación anticipada del teléfono?
- ¿La tasa de renovación anticipada incluye un seguro?
- ¿Cuánto tiempo después de firmar su contrato puede renovar el teléfono?
- ¿Tiene que pagar un depósito inicial? ¿Es necesario pagar un depósito inicial por cada renovación?
- ¿Es necesario que su teléfono actual esté en buena condición para poder aprovechar el plan de renovación?
- ¿Con qué frecuencia se puede renovar (una o dos veces al año)?
- ¿Cuántos meses va a necesitar para pagar el precio total del teléfono?
- ¿El plan de renovación anticipada está disponible para todos los consumidores o solo para los clientes especiales?
- ¿Qué porcentaje del valor total del teléfono está usted obligado a pagar antes de que usted sea elegible para volver a actualizar? ¿Después de cuántos meses?

Tenga en cuenta que si usted tiene un plan de renovación anticipada y paga el valor total del teléfono, es posible que tenga que devolver el teléfono a la compañía de telefonía cuando haga su próxima renovación. Además, si usted aún debe dinero por el teléfono, es posible que no pueda cambiar de compañía telefónica hasta que pague el saldo.

La Comisión Federal de Comunicaciones ofrece información en español para el consumidor sobre cómo elegir un operador de larga distancia, cómo entender los nuevos impuestos y tarifas telefónicas, y mucho más en www.fcc.gov/espanol#telephone. También puede llamar gratis al 1-888-225-5322. Para español presione el 2.

Cambios y cargos ilegales a su servicio telefónico

El cambio sin su consentimiento de servicio telefónico local o de larga distancia por parte de una compañía telefónica, conocido en inglés como *slamming*, es un acto ilegal. Si usted se da cuenta de que aparece el nombre de una compañía diferente en su factura o ve que los cargos del servicio telefónico exceden lo habitual, solicite la compañía que aparece en la factura y diga que lo devuelva a su proveedor original. Diga que hará uso de su derecho a negarse a pagar los cargos. Además, reporte el problema a su compañía original y diga que lo devuelvan a su plan anterior.

Los cargos adicionales que aparecen en su factura telefónica por concepto de servicios opcionales que usted nunca aceptó se conocen en inglés como *cramming*. Estos cargos pueden ser por servicios tales como buzón de mensajes, tonos de llamadas o membresía a un programa de lealtad. Quizás usted no se dé cuenta de estos cargos mensuales porque son relativamente bajos ($5 a $30) y parecen cargos telefónicos regulares.

Siga los siguientes pasos para evitar el *slamming* y el *cramming*:

- **Considere bloquear los cambios en su servicio telefónico.** Pregúntele a su proveedor de servicio telefónico si ofrece un servicio de bloqueo que, por lo general, requiere que la compañía le avise antes de realizar cualquier cambio en el servicio.
- **Lea la letra pequeña de los cupones y formularios para participar en concursos.** Usted podría estar aceptando el cambio de su servicio telefónico o comprando servicios opcionales sin saberlo.
- **Tenga cuidado con los impostores.** Ciertas compañías pueden hacerse pasar por su compañía telefónica regular y ofrecerle algún tipo de plan de descuento o cambio en la facturación. También puede suceder que digan que están realizando una encuesta o que finjan pertenecer a una agencia gubernamental.
- **Tenga cuidado con los "avisos de opción negativa".** Usted puede ser cambiado o inscrito para recibir servicios opcionales al menos que diga "NO" cuando se lo ofrezcan.
- **Examine su factura telefónica cuidadosamente** todos los meses, incluyendo las páginas en que se detallan los servicios.

Su servicio telefónico no puede ser desconectado por el hecho de negarse a pagar servicios no autorizados. Para obtener ayuda, comuníquese con la oficina de protección al consumidor o la comisión de servicios públicos de su estado (pág. 79) o con la Comisión Federal de Comunicaciones (pág. 73).

Teléfonos celulares

Los teléfonos celulares pueden ser muy convenientes, pero antes de firmar un contrato por un servicio de telefonía celular, hay algunas preguntas que usted deberá formular:

- **¿Dónde puede hacer y recibir llamadas?** La mayoría de los proveedores promocionan ahora sus planes como locales, regionales o nacionales. El plan local le ofrece una opción a bajo costo si la mayoría de sus

TELECOMUNICACIONES

llamadas se realizan a lugares cercanos a su casa. Los planes regionales suelen ofrecer una cobertura geográfica mucho más extensa que a veces incluye varios estados. Si llama fuera del área de cobertura de estos planes, deberá pagar cargos de larga distancia y de servicio itinerante, además del tiempo de uso. Los planes nacionales son los más caros, pero le permiten usar el teléfono en cualquier lugar de Estados Unidos y llamar a cualquier parte dentro del país a una tarifa única por minuto.

- **¿Con qué frecuencia utilizará el teléfono?** Si usted solo quiere un teléfono para casos de emergencia, puede ser que un plan económico con pocos minutos al mes sea lo único que necesite. Por otra parte, si va a usarlo con frecuencia, un plan con varias horas gratis y una tarifa más baja por minuto es una mejor opción. Si usted tiene la intención de enviar mensajes de texto o SMS, escoja un plan que se ajuste a sus necesidades para que no tenga sorpresas cuando le llegue la cuenta. La mayoría de los servicios permiten subir de plan sin cobrarle por el cambio.
- **¿Se ofrece la opción de un plan familiar?** En lugar de tener un plan de teléfono celular individual para cada miembro de la familia, usted puede compartir un plan de servicio celular entre varios teléfonos. El costo mensual de los números adicionales suele ser menor que si adquiere cuentas individuales.
- **¿Existe un periodo de gracia para probar el servicio?** Muchas personas encuentran que los celulares no funcionan en ciertos lugares. El periodo de gracia le permite probar su servicio en aquellos lugares donde usted lo utilizará sin cobrarle una multa si decide anular el contrato.
- **¿Entiende las opciones que está seleccionando?** Asegúrese de que solo está comprando las opciones que realmente necesita. Es siempre más fácil subir de plan en el futuro si se da cuenta de que realmente necesita un servicio adicional.
- **¿Qué sucede si usted quiere anular su servicio?** La mayoría de los proveedores penalizan con un cargo. Esto puede ser un problema si usted tiene que mudarse fuera del área de cobertura de su plan. Asegúrese de entender su recibo por el servicio de telefonía celular y haga seguimiento de su consumo para evitar las cuentas sorpresivamente altas. Para más información, visite transition.fcc.gov/cgb/consumerfacts/spanish/billshocktipsheet.html.

Teléfonos inteligentes

Los teléfonos inteligentes parecen computadoras en miniatura ya que además del servicio de telefonía básico ofrecen funciones avanzadas que le permiten acceder a Internet, e-mail y los medios sociales, escuchar música, ver videos, subir fotos y usar apps. También incorporan el uso del teclado QWERTY, es decir que las teclas están en el mismo orden que en el teclado de la computadora, para facilitar los e-mail y mensajes de texto.

Cuando vaya a comprar un teléfono inteligente, tenga en cuenta estos consejos:

- Analice la forma y el tamaño del teléfono.
- Asegúrese de que pueda usar el teclado con facilidad para realizar llamadas o enviar mensajes.
- Compare el costo del plan de datos. Estos planes determinan cuánto le costará el consumo de Internet en su celular (e-mail, navegador, redes sociales o apps).
- Aproveche las promociones y precios especiales.

QUÉ DEBE HACER SI PIERDE O LE ROBAN EL CELULAR

Los teléfonos móviles se han ido convirtiendo en parte indispensable de la vida diaria. Con mayor frecuencia los usuarios los utilizan para guardar contraseñas, números de cuenta, números de teléfono y direcciones. Es por esto que si pierde o le roban su teléfono, pueden peligrar su privacidad, identidad y cuentas bancarias.

Las compañías de telefonía celular y los fabricantes de teléfonos móviles han tomado medidas para protegerlo a usted en estas situaciones. Si usted reporta que se le ha perdido su teléfono, su compañía telefónica ingresará su número de identificación único a una base de datos de teléfonos robados. Esto hace que sea imposible que su teléfono perdido o robado vuelva a ser activado. También hay aplicaciones que lo pueden ayudar a localizar su teléfono. Para proteger el contenido de su teléfono y su privacidad puede tomar las siguientes acciones:

- Establezca una clave de ingreso con PIN o una contraseña para acceder a su teléfono y para cambiar la configuración.
- Exporte y copie su información confidencial en un dispositivo externo, como una unidad de memoria USB.
- Reporte inmediatamente que se ha perdido o se le han robado el teléfono a su compañía de telefonía celular y a la policía. Mantenga el número de la compañía telefónica en un lugar separado para que pueda reportar la pérdida de su teléfono. Pida a su proveedor que confirme por escrito que usted reportó la pérdida.
- Usted es responsable de todos los cargos hechos antes de reportar que ha perdido o se le han robado su móvil. Una vez que haga el reporte ya no será responsable de los cargos hechos después.
- Pida a su proveedor que elimine de forma remota todo el contenido, los contactos y aplicaciones que estaban en su teléfono.

Obtenga más información sobre este tema en www.fcc.gov/cgb/consumerfacts/spanish/lostwirelessdevices.html.

TELECOMUNICACIONES

CUANDO SU TELÉFONO INTELIGENTE ES TAMBIÉN SU BILLETERA

Cada vez es más común ver a los consumidores pagar sus compras utilizando una aplicación del teléfono inteligente. Una billetera móvil puede resultar muy conveniente porque le permite tener a la mano los números de sus tarjetas de crédito, tarjetas de fidelidad y hasta cupones digitales. Cuando usted llega a pagar a la caja, solo necesita pasar la pantalla del teléfono por el escáner. También puede pagar con su billetera móvil desde su computadora.

Antes de elegir un servicio de billetera móvil, asegúrese de que su teléfono tiene el chip necesario para utilizar la aplicación de pago digital. Averigüe también cómo el servicio de billetera móvil garantiza cada transacción así como la seguridad de sus tarjetas. Algunas preguntas que debe hacer:

- ¿Puede deshabilitar la billetera móvil si pierde o le roban el teléfono?
- ¿Se comparten o venden los detalles de sus compras con fines de marketing?
- ¿Existe un PIN para proteger el acceso a su billetera móvil?
- ¿Existen otras medidas de seguridad que cifran la información de sus tarjetas de crédito o utilizan otros códigos de seguridad?
- ¿Se puede deshabilitar o dar de baja su cuenta de forma remota (a través del móvil o un sitio web) si pierde o le roban el teléfono?
- ¿Quién es el responsable de las compras fraudulentas o no autorizadas y cuál es su responsabilidad si esto sucede?
- ¿Cómo puede disputar una compra?

Para obtener más información acerca de los pagos móviles, visite www.fcc.gov/cgb/consumerfacts/spanish/mobile-wallet-services-protection.html.

- Pregunte cuál es el límite del plan de datos y si existe un costo adicional si se excede de su límite.
- Desconfíe de los seguros de teléfono. Pueden sonar tentadores, pero los grupos de protección al consumidor generalmente no los recomiendan.

Debido a que los teléfonos inteligentes son como computadoras en miniatura, es necesario tomar las mismas medidas de precaución que utiliza para proteger su privacidad y seguridad en Internet. Sin embargo, a diferencia de las computadoras los teléfonos no tienen programas antivirus para protegerlos de los ataques de programas maliciosos. Para más información sobre cómo protegerse de estas amenazas, lea "Privacidad en Internet" (pág. 35) e "Internet" (pág. 45).

Planes prepagados

Si usted quiere el servicio de telefonía celular solo para casos de emergencia o no está seguro de la frecuencia con que realmente lo utilizará, considere la posibilidad de obtener un celular prepagado en lugar de firmar un contrato de servicio a largo plazo. Con un celular prepagado no tiene que firmar ningún contrato ni preocuparse por una factura mensual. Además, podrá saber exactamente cuánto gasta. El aspecto negativo de los planes prepago es que usted pagará más por minuto y, si no utiliza el teléfono por un periodo prolongado, puede perder el dinero depositado en su cuenta.

TV

Hay muchas opciones para los consumidores que buscan comprar televisores nuevos. Si es posible antes de realizar la compra intente ver en persona los monitores para evitar sorpresas y asegurarse de obtener lo que quiere y necesita. Consumer Reports (www.espanol.consumerreports.org) ofrece información independiente sobre la variedad de televisores en el mercado. Hay varias opciones para sintonizar canales de televisión. Además de la televisión por aire, usted puede suscribirse a un servicio de cable, satélite o TV por Internet.

Cable

Usted puede elegir el plan que prefiere, desde un servicio básico limitado hasta el más completo y añadir una grabadora de video digital (DVR, sigla en inglés). Mientras más canales elija, mayor será el costo. También puede considerar obtener el servicio de televisión a la carta, conocido en inglés como on demand, donde usted paga extra al ordenar una película o un evento deportivo para ver cuando usted lo desee, generalmente dentro de un plazo de 24 horas. Algunos proveedores ofrecen un descuento si uno adquiere un paquete de servicios que incluya televisión digital, teléfono digital e Internet por cable. Tenga en cuenta que es posible que necesite firmar un contrato por el paquete de servicios.

Satélite

En el caso de la televisión por satélite, usted necesitará una antena parabólica que se instala afuera (el servicio requiere una vista despejada del satélite) y un receptor que se coloca junto a su televisor. La televisión por satélite ofrece canales comparables a los de la televisión por cable y usted puede añadir una DVR. Consulte con su proveedor de televisión por satélite para obtener opciones de canales y precios.

Al igual que la televisión por cable, usted necesitará firmar un contrato por el paquete de servicios que elija. Un inconveniente de la televisión por satélite es que ocasionalmente puede tener interferencia cuando llueve o nieva. Averigüe si hay cargos adicionales por volver a colocar la antena parabólica debido al mal tiempo o daños causados por ramas caídas de un árbol.

TELEMERCADEO Y EL CORREO BASURA

Televisión por Internet

Si usted tiene una conexión de Internet de alta velocidad, ya cuenta con la opción de ver miles de videos en su computadora. Algunas compañías están comenzando a distribuir a través de Internet programación de televisión como películas y series. Usted puede tener la posibilidad de conectar su computadora a su televisor para ver los programas que normalmente ve en línea proyectados en la pantalla más grande de su televisor. Varios servicios permiten la transmisión de Internet en su televisor por un cargo, junto con el acceso gratis a programas dentro de la red de sitios web.

TELEMERCADEO Y EL CORREO BASURA

¿Qué se puede hacer para dejar de recibir montañas de correo basura y llamadas de venta en horarios inoportunos? En realidad, es mucho lo que se puede hacer.

- Solicite a las compañías con las que usted opera que quiten su nombre de las listas de clientes que ellos alquilan o venden a terceros. Busque información acerca de cómo eliminar su nombre de las listas de mercadeo, formularios de pedidos y sitios web.
- Utilice los servicios que ofrece la Asociación de Marketing Directo (www.dmachoice.org, en inglés) para quitar su nombre de la mayoría de las listas de telemercadeo, e-mail y correo.
- Llame al sistema de notificación de las agencias de informe de crédito al 1-888-567-8688 y presione el 2 para continuar en español. Esto reducirá la cantidad de ofertas no solicitadas de crédito y seguros que usted recibe. Las tres principales agencias de crédito participan en este programa.
- De acuerdo con el reglamento del Servicio Postal de EE. UU., es ilegal enviar correspondencia que parezca provenir de un organismo gubernamental cuando no lo es. También es ilegal enviar correspondencia que parezca ser una factura cuando no se ha realizado ningún pedido, a menos que se estipule claramente que no se trata de una factura. Notifique las violaciones de esta norma al Servicio Postal de Estados Unidos (pág. 78).

EL REGISTRO NACIONAL "NO LLAME"

El Registro Nacional "No llame" del Gobierno federal le permite a usted decidir si desea o no recibir llamadas de telemercadeo en su casa registrando su número telefónico en www.donotcall.gov/default.aspx o por teléfono al 1-888-382-1222. Para español presione el 2. En caso de recibir llamadas de telemercadeo después de haber estado en el registro nacional por tres meses, usted podrá presentar una queja a través del mismo sitio web y teléfono.

El inscribir su número en el registro nacional impedirá la entrada de la mayoría de las llamadas de venta por teléfono, pero no todas. Aún podrá recibir llamadas de organizaciones políticas, instituciones benéficas, encuestadores telefónicos y organizaciones con las que usted ya tiene establecida una relación.

En la práctica general, los comerciantes tienen prohibido llamar a teléfonos celulares. Por lo tanto, aunque no es necesario, también puede registrar números de celulares en el Registro Nacional "No llame" (www.donotcall.gov/default.aspx).

MENSAJES DE TEXTO *SPAM*

Los mensajes de texto spam no solo son molestosos, sino que también son ilegales. Uno de los métodos que utilizan los estafadores es el envío de un mensaje de texto ofreciéndole un premio gratis, una tarjeta de regalo o vacaciones pagadas a cambio de su información personal. Es posible que le pidan su cuenta de banco para "depositarle" el dinero prometido, o su número de Seguro Social para que usted pueda recibir el supuesto premio. Usted no recibirá ningún premio y es posible que le roben la identidad.

Tome estas medidas para evitar ser estafado:

- Registre su número de teléfono celular en el Registro Nacional "No Llame".
- Borre los mensajes de texto *spam*.
- Nunca haga clic en los enlaces que vienen en los mensajes de texto spam. Estos enlaces a menudo tiene malware o lo envían a sitios web fraudulentos.
- Nunca responda a estos textos o proporcione su personal información.
- Denuncie el mensaje de texto a su compañía de servicio celular enviando el mensaje a 7726 (*SPAM*).
- Presente una queja a la Comisión Federal de Comunicaciones (www.fcc.gov/cgb/complaints_spanish.html)

TELEMERCADEO Y EL CORREO BASURA

¡ALERTA! ESTAFADORES QUE SE HACEN PASAR POR FUNCIONARIOS DEL GOBIERNO

Desconfíe de llamadas telefónicas, mensajes de texto o e-mails que dicen provenir del Gobierno. A veces los estafadores utilizan nombres de agencias del Gobierno para que parezca que se trata de algo oficial. Puede que le digan que usted le debe dinero al Gobierno o que el Gobierno le debe dinero a usted. Si usted recibe un mensaje así, no responda al número de teléfono o e-mail con el cual lo contactaron ya que puede tratarse de una trampa. Para mayor seguridad utilice la información de contacto que aparece en en el directorio de GobiernoUSA. gov (www.usa.gov/gobiernousa/directorios). Si usted cree que se trata de un fraude, denúncielo a la Comisión Federal de Comercio (pág. 73) o a la oficina de protección al consumidor de su estado (pág. 79).

LLAMADAS CON MENSAJES PREGRABADOS

Las llamadas de ventas con mensajes pregrabados están prohibidas. Las compañías no pueden transmitir estos mensajes a consumidores que no han aceptado por escrito recibirlos. Solo se puede hacer llamadas con mensajes pregrabados a números residenciales en los siguientes casos:

- Llamadas de emergencia necesarias para salvaguardar su salud y seguridad
- Llamadas que no incluyen anuncios no solicitados
- Llamadas realizadas por, o en nombre de, organizaciones sin fines de lucro
- Llamadas a las que usted ha consentido previamente

Si usted recibe una llamada con un mensaje pregrabado de telemercadeo sin haberla solicitado, presente una queja en www.donotcall.gov/default.aspx o por teléfono al FTC llamando al 1-888-382-1222 (para español presione el 2).

LLAMADAS DE VENTAS

Existe una regla de la Comisión Federal de Comercio que define lo que los operadores de telemercadeo pueden o no hacer al momento de hacer sus llamadas de ventas. Los vendedores deberán:

- Proporcionar el nombre del vendedor
- Anunciar que la llamada es una llamada de venta
- Decirle al cliente exactamente lo que están tratando de vender
- Revelarle el costo total y los demás términos de venta, antes de que usted realice cualquier pago de los bienes o servicios
- Informar al cliente si no se permiten los reembolsos, cambios o cancelaciones

En caso de ofrecerse un premio, el vendedor deberá explicarle las posibilidades de ganarlo, informarle que no hay obligación de compra e indicarle cómo obtener instrucciones para ingresar sin comprar nada. Es ilegal que los vendedores telefónicos:

- Mientan sobre lo que están ofreciendo
- Llamen antes de las 8 am o después de las 9 pm
- Amenacen, intimiden u hostiguen al cliente o llamen nuevamente si este les solicita que dejen de hacerlo

Esta regla de la Comisión Federal de Comercio se aplica incluso cuando el cliente recibe una llamada de un vendedor telefónico ubicado en otro estado o país. También se aplica si el cliente realiza una llamada a una compañía ubicada en otro estado o país en respuesta a una oferta recibida por correo.

Esta regla no suele aplicarse cuando el cliente llama para hacer un pedido de catálogo o en respuesta a un anuncio de televisión, radio, revista o periódico. Tampoco se aplica a una oferta que el cliente recibe por fax o por e-mail. Tenga en cuenta que cierto tipo de empresas están exentas de esta regla: organizaciones sin fines de lucro, compañías de asesoramiento y corretaje de inversiones, bancos e instituciones financieras.

Si usted recibe una llamada de alguien que dice ser de su banco o compañía de crédito y le pide a usted que le dé o confirme su información personal:

- No conteste ninguna pregunta.
- Cuelgue inmediatamente.
- Llame a su banco o compañía de crédito y dígales lo que sucedió.

OPTAR FUERA

Si usted está cansado de recibir e-mails no deseados en su bandeja de entrada, busque el enlace que dice *unsubscribe* para cancelar su suscripción. Normalmente ese enlace o botón se encuentra en la parte inferior del e-mail, pero algunos remitentes lo ponen en un lugar difícil de encontrar y necesitará buscarlo.

Además, la Asociación de Marketing Directo le permite, por un periodo de tres años, optar fuera de mensajes comerciales no solicitados de muchas empresas nacionales. Usted puede suscribirse a este servicio pagando un cargo de bajo costo. Para suscribirse, visite www.dmachoice.org (en inglés).

Las principales compañías de informe de crédito le permiten darse de baja de ofertas de crédito y de seguro. Visite el sitio web www.optoutprescreen.com (en inglés) o llame al 1-888-567-8688.

TESTAMENTOS Y FUNERALES

Las personas de todos los niveles económicos se podrían beneficiar teniendo un plan de herencia. Tras la muerte, un plan de herencia protege legalmente sus bienes y distribuye la propiedad según sus deseos y las necesidades de sus familiares y/o herederos, procurando un mínimo de obligaciones tributarias.

TESTAMENTOS

El testamento es la manera más práctica de planificar la herencia y dejar instrucciones acerca de cómo desea que se distribuya su propiedad tras su fallecimiento. Redactar un testamento puede ser tan simple como escribir la manera en que usted desea que sus bienes sean transferidos a seres queridos u organizaciones caritativas después de su fallecimiento. Si usted no cuenta con un testamento al morir, su herencia será manejada de acuerdo con las leyes del estado donde usted reside y su propiedad podría ser distribuida de un modo diferente al que usted desearía.

Puede ser conveniente contar con asesoría legal al redactar un testamento, particularmente cuando se trata de comprender todas las reglamentaciones que rigen el proceso de disposición de la herencia en su estado. Para información sobre asuntos legales, vaya a la pág. 65. En algunos estados hay una ley de propiedad común que da derecho al cónyuge sobreviviente a quedarse con la mitad de sus bienes después de su fallecimiento sin importar el porcentaje que usted le haya legado. Los honorarios por la ejecución de un testamento pueden variar según su complejidad.

VALIDACIÓN DEL TESTAMENTO

Cuando una persona muere se debe realizar un procedimiento legal para validar el testamento. Este procedimiento se hace para asegurar que el testamento es válido, identificar todos los bienes, pagar deudas e impuestos y finalmente distribuir los bienes de acuerdo a la voluntad del difunto.

Elija un albacea

Un albacea es la persona responsable de administrar su herencia cuando usted muere. Los deberes de esta persona incluyen:

- Llevar el inventario de propiedades y pertenencias
- Tasar y distribuir los bienes
- Pagar impuestos
- Liquidar las deudas pertenecientes al difunto

Lo más importante es que el albacea está legalmente obligado a actuar en interés del difunto, siguiendo los deseos estipulados en el testamento. También podría ser útil consultar a un abogado que ayude en el proceso de legalización del testamento o brinde orientación jurídica. Cualquier persona de 18 años o más, que no haya sido declarada culpable por un delito mayor, puede ser nombrada albacea de un testamento. Por razones de experiencia, algunas personas eligen un abogado, contador o consultor financiero. Otros eligen un cónyuge, hijo adulto, pariente o amigo. Puesto que este rol puede ser laborioso, es recomendable preguntar a la persona que se quiere nombrar si está dispuesta a prestar el servicio.

Si usted ha sido nombrado albacea en el testamento de alguien, pero no puede o no quiere cumplir este servicio, necesita presentar un documento legal en el que renuncia a su designación. El testador nombrará un albacea sustituto que asuma la responsabilidad. Si el testador no lo nombra, la corte le asignará uno.

CONSEJOS PARA REDACTAR UN TESTAMENTO

- En la mayoría de los estados, es necesario tener 18 años de edad o más.
- Para que un testamento sea válido, el testador debe gozar de sano juicio y plena facultad mental.
- El testamento debe declarar con claridad que es su voluntad.
- Debe nombrar un albacea que haga cumplir su testamento y se asegure de que su herencia sea distribuida de acuerdo con sus deseos.
- No es necesario legalizar, ni inscribir su testamento, pero hacerlo podría protegerlo contra demandas sobre su validez. Para que sea válido, usted debe firmar el testamento en presencia de al menos dos testigos.
- Si se trata de activos financieros siempre se respetará un testamento financiero por sobre un testamento con la última voluntad del difunto.

Elija sus beneficiarios

Al escribir su testamento, usted tiene que decidir a quién dejará sus bienes para asegurar que sus posesiones sean transferidas según sus deseos. Los beneficiarios

TESTAMENTOS Y FUNERALES

TESTAMENTO PARA LOS MEDIOS SOCIALES

Los medios sociales son parte de la vida cotidiana, por lo que es importante pensar qué sucede cuando uno muere con el

contenido que uno ha creado. Si usted es activo en los medios sociales debe pensar en dejar instrucciones sobre cómo le gustaría que se maneje su perfil en Internet al morir, es decir preparar un testamento para los medios sociales. Empiece por nombrar a una persona de confianza como su albacea para los medios sociales. Esta persona se encargará de cerrar sus cuentas de e-mail, blogs y perfiles en las redes sociales después de su muerte. Siga estos pasos para escribir su testamento para los medios sociales:

- Revise las políticas de privacidad y los términos y condiciones de cada sitio web donde tiene una cuenta.
- Indique cómo le gustaría que se maneje cada perfil. Usted puede elegir cerrarlo por completo o mantenerlo abierto para amigos y familiares. Algunos sitios web permiten crear un perfil conmemorativo, que los otros usuarios puedan visitar, pero no publicar nada nuevo.
- Prepare un documento con todos los sitios web donde usted tiene un perfil con su nombre de usuario y contraseña y déselo a una persona responsable. Este documento servirá de prueba para que esta persona pueda hacer cumplir sus deseos en los sitios web y medios sociales.
- Revise sus cuentas en los medios sociales para ver si le ofrecen la opción de asignar a una persona que se encargue de su cuenta cuando usted muera.

primarios son su primera opción para recibir sus bienes. Usted debería considerar elegir también beneficiarios secundarios o contingentes. Si su beneficiario primario falleciera antes que usted o no cumpliera con una condición explícita (por ejemplo, la edad) para recibir la herencia, sus beneficiarios secundarios recibirán sus bienes. Al asignar beneficiarios secundarios usted puede ahorrarles el proceso de validación del testamento, que puede resultar extenso y costoso. Use nombres específicos en lugar de categorías amplias como "sobrinas y sobrinos" cuando nombre a sus beneficiarios en su testamento.

Usted debería también agregar beneficiarios primarios y secundarios a sus cuentas bancarias individuales, escrituras de propiedad (vehículos, casas y otros), contenidos en sus cajas fuertes de depósito, inversiones y pólizas de seguro para facilitar la transferencia de bienes. Recuerde que si nombra un albacea, esto no significa que la persona va a recibir sus bienes automáticamente. Tras su muerte, esta persona no tendrá el derecho a su dinero o inclusive acceso a su cuenta. Si desea que su albacea sea su beneficiario, debe nombrarlo explícitamente en su testamento.

FUNERALES

Los preparativos de un funeral constituyen uno de los gastos más elevados que un consumidor puede tener. Un entierro tradicional, incluyendo ataúd y sepultura, cuesta aproximadamente $7,000. Los gastos adicionales como flores, obituarios, tarjetas y limosinas, pueden añadir miles de dólares extra. En un momento tan intensamente emotivo, las personas están frecuentemente convencidas de que sus decisiones reflejan sus sentimientos hacia el difunto y pueden llegar a gastar más de lo necesario.

La mayoría de las funerarias cuentan con profesionales que trabajan para atender las necesidades de sus clientes y sus mejores intereses. Desafortunadamente, otras se aprovechan de los clientes insistiendo en servicios innecesarios, elevando los precios y recargando los costos. Por ello, hay una ley federal, llamada Regla de Funerales, que regula las acciones de directores de funerales, funerarias y servicios.

Muchas funerarias ofrecen una variedad de planes y paquetes que incluyen los productos y servicios más vendidos. Tenga en cuenta que usted no está obligado a comprar el plan o paquete, sino que tiene el derecho a comprar los productos y servicios individuales que prefiera. A modo de resumen de la Regla de Funerales:

- Usted tiene el derecho de elegir los productos y servicios funerales que desea (con algunas excepciones).
- La funeraria debe fijar por escrito un listado general de precios.
- Si la ley estatal o local requiere que usted compre algún artículo, la funeraria debe darlo a conocer en su lista de precios, haciendo referencia a la ley específica.
- La funeraria no puede rehusar, ni cobrar una tarifa para utilizar un ataúd que usted compró en otro sitio.
- Una funeraria que ofrece cremaciones debe contar con contenedores alternativos disponibles.
- Cuando pague por adelantado sus servicios funerarios, no acepte que se haga la entrega del cheque de su compañía de seguro de vida directamente a la funeraria. Usted está pagando por bienes y servicios específicos, y si cede este cheque a la funeraria estaría entregando un pago en exceso significativo por los servicios.

Para más información sobre la regla de funerales, visite www.consumidor.ftc.gov/articulos/s0300-la-regla-de-funerales-de-la-ftc.

Planificar anticipadamente es la mejor manera de tomar decisiones bien fundamentadas sobre los preparativos para funerales. Planear anticipadamente, además, le evita a su familia tener que tomar decisiones en un momento de dolor. Cada familia es diferente y los arreglos funerarios están marcados por las tradiciones religiosas y culturales, presupuestos y preferencias personales.

VIAJES

LA REGLA DE FUNERALES

Una ley federal facilita las decisiones que usted debe tomar sobre productos y servicios si planifica un funeral. La regla de funerales, aplicada por la Comisión Federal de Comercio (pág. 78), también requiere que los directores de funerarias brinden precios detallados por teléfono o en persona.

Usted no está legalmente obligado a usar una funeraria determinada para planificar y llevar a cabo un funeral. Sin embargo, la mayoría de la gente encuentra que los servicios profesionales de una funeraria facilitan esta situación. Comparar antes de comprar puede ahorrarle dinero y hacerle todo más fácil si planifica por anticipado. Lea el documento de ayuda titulado "El último adiós" (www.consumidor.ftc.gov/articulos/spdf-0072-el-ultimo-adios.pdf) para más información. Muchas funerarias, además, le enviarán una lista de precios por correo, aunque esto no está dispuesto por la ley. Si usted tiene algún problema relacionado con un funeral, lo mejor es tratar de resolverlo con el director de la funeraria primero. Si no queda satisfecho, puede comunicarse con las agencias estatales o locales de protección al consumidor o con el Programa de Asistencia para Consumidores de Servicios Fúnebres, llamando al 1-800-662-7666. La mayoría de los estados cuentan con una junta autorizada que regula el negocio de funerales. Usted puede comunicarse con la junta de su estado para cualquier información o ayuda.

Prepago de funerales

Millones de estadounidenses tienen contratos para planificar de antemano sus funerales y pagan por adelantado unos o todos los gastos implicados. Varios estados tienen leyes para ayudar a asegurar que estos pagos anticipados estén disponibles para pagar los productos y servicios de un entierro cuando sean necesarios. Sin embargo, las protecciones varían extensamente de estado a estado. Algunas leyes estatales requieren que la compañía funeraria o el cementerio coloque un porcentaje del pago adelantado en un fideicomiso regulado por el estado o compre una póliza de seguro de vida, en la cual la funeraria o el cementerio sea el beneficiario. Para obtener una lista de las preguntas que debe considerar antes de pagar por adelantado por un funeral, visite www.consumidor.ftc.gov/articulos/s0305-planificacion-de-su-propio-funeral.

CEMENTERIOS PARA VETERANOS

Todos los veteranos tienen derecho a un entierro gratuito en un cementerio nacional y a una tumba con lápida. Este derecho también se aplica para algunos civiles que han brindado servicios relacionados con misiones militares y para cierto personal del Servicio de Salud Pública.

Los cónyuges y los hijos dependientes tienen derecho a un lote y lápida cuando son enterrados en un cementerio nacional. No existen cargos por abrir y cerrar una tumba, por una bóveda o depósito, o por instalar una lápida en un cementerio nacional. Para más información, comuníquese con la Administración de Cementerios Nacionales del Departamento de Asuntos de los Veteranos: www.cem.va.gov/cem/pdf/IS1sp.pdf.

VIAJES

Ya sea que usted reserve una habitación en un hotel, compre boletos de avión o realice cualquier otro arreglo para viajar, estos consejos lo ayudarán a realizar una transacción que cumpla con lo que se le ha prometido.

- **Haga sus planes con la mayor anticipación posible.** Las ofertas especiales de habitaciones de hotel y asientos en líneas aéreas suelen agotarse muy rápidamente.

- **Sea flexible con sus planes de viaje.** Los hoteles suelen ofrecer mejores tarifas en aquellos días en los que esperan una menor cantidad de clientes. Una vez obtenida una cotización del pasaje con una aerolínea, averigüe la posibilidad de ahorrar si viaja un día antes o un día después, si toma un vuelo diferente en el mismo día o si sale de un aeropuerto diferente. Cambiar de avión durante el viaje resulta, a veces, más económico que un viaje sin escalas.

- **Infórmese sobre el vendedor.** Pregunte a los operadores turísticos y a los agentes de viajes si pertenecen a una asociación profesional y luego verifique que sean miembros actuales. Comuníquese con su oficina estatal de protección al consumidor (pág. 79) y con la Oficina de Buenas Prácticas Comerciales (pág. 79) para consultar el historial de quejas.

- **Compare precios.** Determine el costo total del viaje en dólares, incluyendo todos los cargos por servicio, impuestos, cargos por procesamiento, etc.

- **Desconfíe de los precios demasiado bajos y las ofertas gratuitas.** Podrían ser estafas y usted terminaría pagando por encima del precio de un paquete turístico normal.

VIAJES

TARJETAS DE CRÉDITO: MONTO CONGELADO

Cuando usted inicia su estadía en un hotel o recoge un auto alquilado usando su tarjeta de crédito, el representante del negocio congelará un monto estimado en su tarjeta de crédito sin hacerle el cargo. Esto significa que la compañía de hotel o alquiler calcula lo que será la cantidad total de sus gastos por servicio y electrónicamente se comunica con su compañía de tarjeta de crédito para congelar ese monto en su línea de crédito. Al completar su estadía o alquiler, el monto congelado es revertido si paga con la misma tarjeta de crédito. Sin embargo, si escoge pagar el costo final con una tarjeta diferente, el monto congelado no desaparecerá inmediatamente de su tarjeta anterior y su línea de crédito será reducida por dicha cantidad, hasta por 15 días. Para evitar este problema:

- Pague por la estadía de hotel o alquiler de auto usando la misma tarjeta que entregó en un principio.
- Si utiliza una tarjeta de crédito diferente al pagar, pida desbloquear o quitar el monto congelado en su tarjeta anterior.

- **Asegúrese de entender las condiciones del contrato.** Si le dicen que se ha ganado unas vacaciones gratuitas, pregunte si tiene que comprar algo más para poder disfrutar de ellas. Si el destino es un centro turístico playero, pregúntele al vendedor qué distancia hay del hotel a la playa y también pregunte lo mismo en el hotel.
- **Infórmese sobre las políticas de cancelación.** Para mayor protección, es posible que le convenga buscar un seguro de viaje (pág. 43). Algunos sitios web ofrecen información de pólizas y precios de los planes de diferentes compañías, y describen la cobertura de las pólizas disponibles.
- **Insista en confirmaciones por escrito.** Solicite que le faciliten por escrito las reservaciones y las fechas.
- **Pague con tarjeta de crédito.** Antes de viajar, se suele hacer un depósito o incluso pagar completamente los servicios de viaje. La tarjeta de crédito le otorga el derecho de disputar los cargos por un servicio que no cumplió lo ofrecido o que no fue prestado. Proceda con mucho cuidado si un agente de viajes o los proveedores del servicio le dicen que no puede viajar antes de dos meses. La fecha límite para disputar los cargos de una tarjeta de crédito es de 60 días y la mayoría de los estafadores lo saben. Lea "Cómo disputar cargos" pág. 17.

En algunos estados, los agentes de viajes tienen que estar registrados y asegurados. Los pagos por adelantado de viajes deben mantenerse en una cuenta de depósito hasta que se presten los servicios. También se regulan los premios o los regalos "gratis". Comuníquese con la agencia de protección al consumidor de su estado (pág. 79) para averiguar sus derechos y cómo presentar sus quejas.

PROBLEMAS CON LOS VIAJES AÉREOS

A pesar de que uno haya planificado todo a la perfección, es posible encontrarse con algunos problemas comunes al viajar.

Vuelos demorados y cancelados

Las demoras de los vuelos debido al mal tiempo, a problemas de control de tránsito y a reparaciones mecánicas son difíciles de predecir. Si su vuelo resulta cancelado, la mayoría de las aerolíneas le harán una reservación sin costo adicional en el primer vuelo disponible al lugar de su destino. Si usted tiene posibilidades de encontrar un vuelo en otra compañía aérea, solicite a la aerolínea por la que debía volar que le traspase el boleto al nuevo transportista. Con esto podría ahorrarse un incremento de la tarifa, pero no existe norma alguna que los obligue a dársela.

Cada aerolínea tiene su propia política acerca de qué hacer con los pasajeros demorados ya que no existen requisitos federales en estos casos. Si su vuelo viene con demora o resulta cancelado, pregunte a la compañía

---

CARGOS AÉREOS

Muchas aerolíneas cobran cargos adicionales por equipaje chequeado y algunas cobran por las maletas de mano. Otras cobran por asientos reservados con anticipación, comidas, menores de edad viajando sin compañía adulta y otros servicios. El Departamento de Transporte ha reglamentado que las aerolíneas deben publicar prominentemente todos los cargos e impuestos obligatorios en sus sitios web. También tienen la obligación de reembolsarle el cargo por equipaje si pierden su maleta. Además, las aerolíneas deben incluir los cargos e impuestos gubernamentales en el precio publicitado. Sin embargo, las compañías aéreas todavía pueden cobrar cargos opcionales no incluidos en el precio estándar. Cada aerolínea tiene un programa de tarifas diferente, por lo tanto averigüe con la compañía aérea antes de ir al aeropuerto. Para obtener más información, visite airconsumer.dot.gov/spanish.

Tenga en cuenta que el uso de puntos de viajero frecuente no significa necesariamente que usted está libre de cargos adicionales. Al hacer una reserva utilizando puntos de viajero frecuente, las aerolíneas todavía pueden cobrarle un cargo por reserva.

---

aérea si le pagará sus comidas o una llamada telefónica. Contrario a lo que piensan la mayoría de las personas, las aerolíneas no están obligadas a hacerlo.

VIAJES

¡ALERTA! ESTAFAS DE REVENTA DE TIEMPO COMPARTIDO

Las empresas fraudulentas a cargo de la reventa de tiempo compartido buscan aprovecharse de la gente que quiere vender su propiedad, cobrando honorarios altos por adelantado e insistiendo en que los propietarios tomen rápidamente una decisión. Antes de vender su propiedad de tiempo compartido, tenga en cuenta estos consejos para evitar estafas:

- No se deje engañar por las promesas y garantías de una venta rápida.
- Desconfíe cuando haya presión o insistencia para actuar inmediatamente o afirmaciones como "tenemos un comprador aquí".
- Investigue las quejas contra el revendedor con el fiscal general de su estado (o la oficina de protección al consumidor) y el Consejo de Buenas Prácticas Comerciales en el estado donde se encuentra la propiedad de tiempo compartido.
- Pregunte si el revendedor tiene licencia para vender bienes raíces en el estado donde se encuentra la propiedad. Averigüe esto con la comisión de bienes raíces de ese estado.
- No pague honorarios por adelantado, basándose en una promesa.
- Obtenga todo por escrito.
- Solo pague por honorarios después de completar la venta de su tiempo compartido, al igual que si usted vende su vivienda principal.

Para obtener más información acerca de las estafas de tiempo compartido, visite www.consumidor.ftc.gov y haga una búsqueda para "tiempos compartidos". Si usted ha sido víctima de este tipo de fraude, presente una queja ante la Comisión Federal de Comercio y los reguladores estatales.

Demoras o daños en el equipaje

Si al llegar a su destino, usted no encuentra su equipaje en la cinta transportadora, presente un informe a la aerolínea antes de abandonar el aeropuerto.

- Aun cuando le digan que el equipaje llegará en el próximo vuelo, insista en que le llenen un formulario y le entreguen a usted una copia.
- Averigüe el nombre de la persona que le completó el formulario y pida un número de teléfono al cual llamar para poder darle un seguimiento al problema.
- Confirme que la aerolínea le entregará el equipaje sin cargo alguno cuando lo encuentre.

Algunas líneas aéreas le darán dinero para adquirir lo más necesario. Si no le proporcionan dinero en efectivo, pregunte qué artículos son reembolsables y conserve todos los recibos.

Si una maleta llega dañada, la aerolínea usualmente paga la reparación si se reporta inmediatamente (antes de salir del aeropuerto). Si un artículo no puede ser reparado, siempre negociarán para pagarle el valor depreciado. Lo mismo se aplica a las pertenencias empacadas dentro de la maleta. Por supuesto, las líneas aéreas pueden rehusarse a pagarle los daños si estos fueron causados por un error suyo al empacar y no por la manipulación de la aerolínea.

Pérdida de equipaje

Si su equipaje es declarado perdido oficialmente, usted deberá presentar dentro del periodo establecido por la aerolínea un segundo formulario más detallado. La información que usted llena en el formulario es utilizada para calcular el valor de sus pertenencias extraviadas. Las aerolíneas pueden limitar su responsabilidad por el retraso, pérdida y daños del equipaje; sin embargo, deben detallar el límite en un cartel colocado en un sitio prominente (en el sitio web o el mostrador del aeropuerto). Según la División de Protección y Asesoramiento para Pasajeros Aéreos e Implementación Reglamentaria del Departamento de Transporte, el límite máximo que la aerolínea debe pagar a un pasajero por maletas extraviadas es $3,400 por pasajero en los vuelos nacionales y aproximadamente $1,500 por pasajero en los vuelos internacionales. Para mayor información sobre el equipaje en los vuelos visite la página web airconsumer.dot.gov/spanish/publications/flyrights.cfm#baggage del Departamento de Transporte.

Si la oferta de la aerolínea no cubre completamente la pérdida, revise si usted tiene un seguro de casa o arrendamiento que cubre las pérdidas que ocurren lejos de su hogar. Algunas compañías de tarjetas de crédito y agencias de viaje también ofrecen como complemento cobertura opcional e incluso por pérdida de equipaje.

Cuando usted sepa que el valor del contenido de su equipaje excede los límites de responsabilidad de la compañía, al presentarse para el vuelo podría considerar la adquisición en la aerolínea de un seguro adicional para su equipaje. Por supuesto, no existe garantía de que la aerolínea le venda este tipo de seguro. La compañía aérea puede rehusarse, especialmente si se trata de artículos valiosos o frágiles.

Vuelos sobrevendidos

No es ilegal vender un número mayor de boletos que el de asientos disponibles. La mayoría de las líneas aéreas sobrevenden sus vuelos para compensar por los pasajeros que no se presentan a tomar el vuelo reservado. Si justo antes de un vuelo que ya está programado para partir hay más pasajeros que asientos, a usted podría serle denegado el embarque en contra de su voluntad. El que a usted se lo deje atrás o no, dependerá de cuándo haya presentado su boleto para tomar el vuelo, así que trate de llegar temprano. El Departamento de Transporte (pág. 77) exige a las aerolíneas que soliciten a los pasajeros el ceder voluntariamente su asiento a cambio de una compensación. Las aerolíneas deciden qué ofrecer a los voluntarios: dinero, un viaje gratis, comida o alojamiento.

Las normas federales lo protegen en la mayoría de los vuelos dentro de Estados Unidos y en vuelos que parten hacia destinos internacionales en caso de que le sea denegado el embarque. Los pasajeros que de forma involuntaria se ven denegados el embarque están protegidos por las normas de la Administración Federal de Aviación (www.faa.gov, en inglés). Si usted acepta ceder el sitio que le corresponde por alguna oferta de la aerolínea, como un pasaje gratuito en un próximo vuelo u otra forma de compensación, el acuerdo dependerá de usted y la aerolínea y no será regulado por ningún organismo oficial.

La aerolínea debe entregarle una declaración escrita que describa sus derechos, así como los criterios de prioridad de embarque empleados por la aerolínea. Si la aerolínea puede transportarlo hasta su destino final dentro del plazo de dos horas de su horario de llegada inicial, no es necesario que le ofrezca un pago compensatorio. Si eso no es posible, la aerolínea deberá pagarle una cantidad equivalente al 200% a su boleto de ida, o un máximo de $650. Para tener derecho a esta compensación, usted deberá tener una reservación confirmada. También debe cumplir con los plazos establecidos por la aerolínea para la compra del pasaje y la facturación del equipaje. Es posible que una aerolínea le ofrezca un pasaje gratuito en un vuelo futuro en lugar de pagar un cheque por la denegación de embarque, pero usted tiene derecho a insistir en que le den un cheque como compensación.

Demoras en la pista de aterrizaje

Bajo las reglas federales, las compañías aéreas estadounidenses que operan vuelos domésticos deben permitir a los pasajeros bajarse del avión si han estado esperando en el avión tres horas. Las únicas excepciones permitidas son por razones de seguridad o si la torre de control da esa instrucción al piloto. Las aerolíneas tienen la obligación de ofrecer a los pasajeros comida y agua luego de dos horas de espera en la pista. Además deben permitir el uso de los baños y, de ser necesario, proporcionar asistencia médica. Usted puede presentar una queja a airconsumer.ost.dot.gov/spanish/problems.cfm.

También se han implementado otras regulaciones para asegurar que las aerolíneas no mantengan vuelos que están atrasados de forma crónica. Para más información sobre sus derechos como pasajero, visite airconsumer.ost.dot.gov/spanish.

CRUCEROS

Un crucero puede ser una manera divertida de viajar y disfrutar de unas vacaciones con todo incluido. Antes de tomar un crucero, usted debe saber que su boleto es también un contrato obligatorio entre usted y la compañía de cruceros, por lo que es importante leer todos los términos y condiciones en el contrato del boleto. Usted debe estar de acuerdo con los términos, exactamente como están escritos, o es mejor que no tome el crucero. Antes de reservar sus boletos en un crucero, investigue

---

CONOZCA SUS DERECHOS EN UN CRUCERO

Si bien no existen leyes federales que protegen a los pasajeros de cruceros, la Asociación Internacional Línea de Cruceros promulgó la Ley de Derechos para Pasajeros de Cruceros. Este documento es considerado un contrato válido legalmente e incluye las siguientes protecciones:

Atención médica

- Usted tiene derecho a recibir atención de emergencia mientras se encuentre en un crucero oceánico.
- Si no le pueden proporcionar alimento, agua, instalaciones de baño o cuidados médicos, usted tiene derecho a desembarcar del buque.

Emergencias

- Los miembros de la tripulación deben estar capacitados en materia de protocolo de emergencia.
- Debe haber un generador eléctrico de respaldo para emergencias en caso de falla en el generador eléctrico principal.

Falla mecánica o cancelación

- Usted tiene derecho a un reembolso completo si el crucero se cancela por completo o a un reembolso parcial si el viaje termina antes de tiempo debido a una falla mecánica.
- Si un crucero termina antes de tiempo debido a una falla mecánica, usted tiene derecho a pasar la noche en un puerto no programado y transporte hasta el puerto de desembarco original.
- Usted debe tener acceso a información actualizada y cambios hechos en el itinerario en caso de una falla mecánica.

Para obtener más información sobre los derechos del pasajero o para leer el documento completo, visite www.cruising.org (en inglés).

---

la compañía y el historial de la embarcación. Estos son algunos aspectos para considerar y ver cuando lea el contrato:

- **Política de cancelación.** Algunos cruceros requieren que usted anule su boleto con 50 o más días de anticipación a la fecha de salida. ¿Cuáles son sus

VIVIENDA

derechos si usted tiene que cancelar su viaje? ¿Cuántos días de anticipación necesita para cancelar y poder recibir un reembolso? ¿Recibirá un reembolso parcial o todo el precio del boleto?

- **Entienda sus derechos legales.** Su contrato limita su capacidad de demandar a la compañía o especifica el periodo de tiempo y el lugar para hacerlo.
- **Cambios de itinerario.** El itinerario y los puertos de escala pueden cambiar según la discreción del capitán.
- **Reembolsos.** ¿Puede conseguir un reembolso si usted deja el crucero antes de terminarlo? De ser así, qué cantidad del precio del crucero será reembolsada.

SEGURIDAD AL VIAJAR

Varias agencias federales ofrecen asesoramiento e información en Internet que pueden ayudar a garantizarle un viaje seguro.

- **Información para viajar por aire, carretera y vías férreas.** El Departamento de Transporte de EE. UU. (www.dot.gov, en inglés) ofrece información acerca de la seguridad de los autos. Infórmese sobre cómo las condiciones del tiempo afectan las condiciones de viaje en el aire y carreteras Para vuelos aéreos, visite www.tsa.gov/es/español.
- **Seguridad para viajar por aire, tierra y mar.** La Administración de Seguridad en el Transporte (www.tsa.gov, en inglés) da consejos sobre la seguridad en los aeropuertos, los objetos que se prohíbe llevar en los aviones y cómo viajar con niños. También puede llamar a la línea gratuita 1-866-289-9673. Para español presione el 1.
- **Antes, durante y después de regresar de un viaje al extranjero.** El Departamento de Estado brinda información sobre viajes en www.state.gov/travel (en inglés). También puede recibir recomendaciones sobre qué lugares debe evitar y qué hacer en caso de una emergencia en el extranjero.
- **Información de salud para el viajero.** Los Centros para el Control y la Prevención de Enfermedades también tienen información en español para ayudar al viajero en la página www.cdc.gov/spanish/temas/viajero.html. Averigüe sobre los requisitos de vacunación, encuentre información sobre cómo evitar enfermedades causadas por alimentos y agua, y revise los puntajes de saneamiento que reciben los cruceros específicos tras una inspección.

VIVIENDA

Cuando hay para escoger entre opciones de vivienda, existen varias decisiones que usted tiene que tomar. Por ejemplo, ¿conviene alquilar o comprar? Si prefiere comprar, ¿qué tipo de financiamiento es preferible y qué tipo de hipoteca es mejor para usted? El Departamento de Vivienda y Desarrollo Urbano (HUD, sigla en inglés) financia agencias de asesoría de vivienda en todo el país. Estas organizaciones pueden asesorarlo sobre la compra de una casa, alquiler, moras, ejecuciones hipotecarias, problemas de crédito e hipotecas revertidas. Para comunicarse con la agencia más cercana, visite www.espanol.hud.gov o llame al 1-800-569-4287. Para español presione el 2. Se recomienda a los propietarios con problemas que pudieran ocasionar la mora de su hipoteca o la ejecución hipotecaria de su propiedad, que se comuniquen inmediatamente con una agencia de asesoría de vivienda aprobada por el Departamento de Vivienda y Desarrollo Urbano.

Si considera que en su búsqueda de vivienda usted está siendo discriminado a causa de su raza, color, nacionalidad, religión, sexo, estado civil o discapacidad, comuníquese con la Oficina de Equidad de Vivienda e Igualdad de Oportunidades (pág. 78)

CÓMO COMPRAR UNA VIVIENDA

La compra de una casa es una de las decisiones financieras más complejas que usted tendrá que tomar.

- Los agentes de bienes raíces representan al vendedor y no al comprador. Considere la posibilidad de contratar a un agente que trabaje para usted, no para el vendedor.
- Averigüe los precios de otras casas. Conocer el precio de otras casas de un vecindario le será de ayuda para no pagar de más.

VIVIENDA

- Disponga que alguien inspeccione la propiedad. Utilice los servicios de un inspector de viviendas con licencia para inspeccionar cuidadosamente la propiedad antes de comprarla.
- Averigüe si una casa en particular le requerirá hacer un pago regularmente por cargos de la asociación de propietarios o del condominio.

Hipotecas

Cuando esté averiguando sobre hipotecas, asegúrese de obtener toda información importante:

- **Investigue las tasas de interés actuales.** Consulte la sección de bienes raíces de su periódico local, utilice los servicios de Internet o llame al menos a seis entidades de préstamo para obtener información.
- **Verifique las tasas correspondientes a hipotecas a 30, 20 y 15 años.** Usted puede ahorrar miles de dólares en cargos por concepto de intereses, al obtener el préstamo hipotecario al menor plazo que pueda solventar.
- **Pida información sobre iguales cantidades, plazos y tipos de préstamos** de diversas entidades crediticias, a fin de poder comparar los datos. Asegúrese de obtener la tasa de interés anual que no solo tiene en cuenta la tasa de interés, sino también los puntos, los honorarios de los agentes y otros gastos crediticios expresados como tasa anual.
- **Averigüe si la tasa es fija o ajustable.** La tasa de interés en los préstamos hipotecarios de tasa ajustable puede variar mucho a lo largo del periodo hipotecario. Un aumento de muchos puntos porcentuales puede elevar los pagos en cientos de dólares al mes.
- **Si un préstamo tiene una tasa ajustable,** pregunte cuándo y cómo podría cambiar los términos de pago.

Existe una gran variedad de hipotecas en el mercado, pero los dos principales tipos son las hipotecas a tasa fija y las hipotecas a tasa ajustable. A continuación detallamos algunas de las ventajas y desventajas de los productos que encontrará en el mercado hipotecario:

Tipo de hipoteca	Ventajas	Desventajas
Hipoteca a tasa fija	No hay sorpresas. La tasa de interés se mantiene igual durante toda su duración, usualmente 15, 20 o 30 años.	Si la tasa de interés baja en el mercado, usted no podría beneficiarse de ella a menos que haga una refinanciación para cambiar la tasa de interés fijada en un principio.
Hipoteca a tasa ajustable (ARM, sigla en inglés)	Generalmente ofrece una tasa inicial más baja que la hipoteca a tasa fija.	Después de un periodo inicial, las tasas fluctúan durante el término del préstamo. Cuando las tasas de interés suben generalmente también suben sus pagos.
Préstamo de la Administración Federal de Vivienda (FHA, sigla en inglés)	Permite que los compradores que no califican a un préstamo tradicional para comprar una casa, lo obtengan a través de un pago inicial bajo.	La cantidad de su préstamo puede ser limitada.
Préstamo para veteranos	Préstamos garantizados para veteranos elegibles, militares en servicio activo y cónyuges sobrevivientes. Ofrece precios o tasas de interés competitivas con un costo inicial bajo o inexistente.	La cantidad de su préstamo puede ser limitada.
Hipoteca globo	Se trata de un préstamo a tasa fija con pagos relativamente bajos durante un cierto periodo (alrededor de 5-7 años).	Tras un periodo inicial, se debe pagar el saldo restante de forma inmediata. Este tipo de préstamos es riesgoso para algunas personas.
Hipoteca solo intereses	Se limita a pagar solo el interés del préstamo, en pagos mensuales, por un plazo fijo (alrededor de 5-7 años).	Tras un periodo inicial, se debe pagar el saldo restante. Generalmente esto significa que debe pagar sumas más altas, el saldo completo o refinanciar.
Hipotecas revertidas	Permite a las personas de la tercera edad convertir en efectivo parte del capital sobre el valor de la vivienda. No se tiene que pagar el préstamo y los intereses mientras viva en la casa.	Se debe tener cuidado con las prácticas de publicidad agresivas y promesas falsas que tratan de aprovecharse de las personas de la tercera edad. Asegúrese que el préstamo esté asegurado por el Gobierno.

VIVIENDA

> **¡ALERTA! TÍTULOS Y ESCRITURAS**
>
> Tenga cuidado con las compañías privadas que lo presionan para comprar una copia certificada de su título o escritura. En varios estados usted puede obtener una copia gratis o a bajo costo si la solicita al Registro de escrituras local.
>
> Desconfíe de las empresas que afirman tener el respaldo del Gobierno. No les crea porque el Gobierno no respalda a ninguna compañía que venda estas copias.

- **Averigüe a cuánto asciende el pago inicial.** Algunas entidades de préstamo exigen un 20 por ciento del precio de compra de la casa como pago inicial. Sin embargo, muchas entidades ofrecen actualmente préstamos que requieren una suma menor. En estos casos, se le puede solicitar que compre un seguro hipotecario privado (PMI, sigla en inglés) para proteger a la entidad de préstamo, en caso que usted se atrase en los pagos.
- **Si se requiere un seguro hipotecario privado, averigüe el costo total del seguro.** ¿A cuánto ascenderá el pago mensual de la hipoteca al añadirse el pago periódico de este tipo de seguro y durante cuánto tiempo tendrá que mantenerlo?
- **Pregunte si puede pagar el préstamo por adelantado** y si existe alguna penalización en tal caso.

Usted puede encontrar una larga lista de fuentes de

> **REFINANCIACIÓN HIPOTECARIA**
>
> Refinanciar su hipoteca puede ayudarle a ahorrar dinero. Algunos de los factores que hacen que sea una buena idea, incluyen:
> - una reducción en las tasas de interés
> - un cambio en el periodo de duración de su hipoteca
> - un cambio en el tipo de hipoteca (fijo o ajustable)

préstamos hipotecarios: bancos hipotecarios, corredores de hipotecas, bancos, entidades de ahorro y préstamo, cooperativas de crédito, constructores, agencias de bienes raíces y entidades crediticias por Internet. Para más información sobre cómo comprar una casa o conseguir una hipoteca, visite espanol.hud.gov.

Transferencia de hipotecas

Las compañías hipotecarias tienen la obligación de notificarle si su préstamo es vendido a otra compañía. Las reglas tienen la intención de asegurar que usted sepa qué compañía es la dueña de su préstamo, algo que es imprescindible si usted tiene alguna pregunta, desea cuestionar un cargo o modificar el préstamo. Según estas reglas, la empresa que toma posesión del préstamo debe enviarle un aviso dentro de los 30 días después de la transferencia. Es posible que aunque el préstamo haya sido transferido a una nueva empresa, no cambie la compañía que administra el préstamo y usted tenga que seguir enviando sus pagos de hipoteca a la misma dirección. Si cambia administrador de préstamos, usted recibirá una notificación por separado.

Para más información, visite www.consumerfinance.gov/es/hogar.

CÓMO EVITAR LA EJECUCIÓN HIPOTECARIA

Si usted no cumple con los pagos de su hipoteca, se puede producir la ejecución hipotecaria. Mediante este instrumento legal, la entidad crediticia puede embargar su vivienda. Si usted debe más de lo que vale su propiedad, la entidad crediticia buscará por medio de una orden judicial que usted pague la diferencia. Tanto las ejecuciones hipotecarias como las órdenes judiciales impactan de forma negativa en su crédito futuro.

Estos pasos pueden ayudarlo:

- **No ignore las cartas de su entidad crediticia.** Si usted tiene problemas para realizar sus pagos, llame o escriba inmediatamente a su entidad crediticia. Explique su situación. Esté preparado para explicar su situación financiera, incluyendo la información sobre sus ingresos y gastos mensuales. Sin esta información, será difícil que puedan ayudarlo.
- **Permanezca en su vivienda.** Es posible que no cumpla los requisitos para recibir ayuda si abandona su propiedad.
- **Comuníquese con una agencia de asesoría de vivienda** aprobada por el Departamento de Vivienda y Desarrollo Urbano (HUD, sigla en inglés). Llame al 1-800-569-4287 (para español presione el 2) o TDD 1-800-877-8339 para comunicarse con la agencia más cercana. Estas agencias son valiosas fuentes de información.
- **Póngase en contacto con el Programa Hacia una Vivienda Más Asequible,** www.

> **¡ALERTA! EJECUCIÓN HIPOTECARIA**
>
> Tenga cuidado con las ofertas dirigidas a los propietarios de viviendas con dificultades para hacer los pagos hipotecarios. Para presentar una queja sobre una oferta fraudulenta, visite el sitio web del Programa Hacia una Vivienda Más Asequible (www.makinghomeaffordable.gov/spanish) o llame al 1-888-995-4673. Este programa también ofrece ayuda para modificar o refinanciar su hipoteca, reducir el pago de mensualidades y evitar la ejecución hipotecaria.

makinghomeaffordable.gov/spanish. Para hablar con un agente de crédito aprobado por HUD y recibir asesoría gratis sobre sus opciones hipotecarias, llame al 1-888-995-4673 o al 1-877-304-9709 para personas con discapacidad auditiva o del habla. Con frecuencia, las agencias de asesoría de vivienda tienen información sobre servicios y programas ofrecidos por agencias gubernamentales, así como organizaciones privadas y comunitarias que pueden ayudarlo. Estas agencias pueden también ofrecerle asesoramiento de crédito. Por lo general, estos servicios son gratuitos.

Para más información comuníquese con el Departamento de Vivienda y Desarrollo Urbano (pág. 78).

Para más consejos y fuentes de información para propietarios de vivienda, consulte "Préstamos sobre el valor acumulado de la vivienda" (pág. 20) y "Seguros" (pág. 41).

COMPAÑÍAS DE MUDANZA

No todas las compañías de mudanza son iguales. Aunque muchas trabajan con seriedad, existen otras que se aprovechan de sus clientes. Por eso, usted debe considerar los siguientes aspectos antes de contratar los servicios de una compañía de mudanza:

- **Pida un presupuesto por escrito a varias compañías de mudanza.** Desconfíe de cualquier compañía que le dé un presupuesto demasiado bajo. Algunas compañías usan un precio bajo para obtener un contrato y luego piden más dinero para bajar sus pertenencias del camión.

- **Averigüe si la compañía de mudanza que piensa utilizar tiene licencia para operar.** Las mudanzas de un estado a otro son reguladas por el Departamento de Transporte y usted puede verificar si la compañía de mudanza está debidamente registrada en el sitio web www.ai.volpe.dot.gov/hhg/search.asp (en inglés).

- **Verifique que la compañía de mudanza tenga seguro** contra daños para poder reclamar una compensación si se dañan sus muebles o pertenencias. Pregunte cómo se presenta una queja y si hay límites en la cobertura.

- **Investigue el historial de quejas de la compañía** con la Oficina de Buenas Prácticas Comerciales (pág. 79) o con la oficina de protección al consumidor de su estado (pág. 79).

Si usted ha sido perjudicado por una compañía de mudanza, puede presentar su queja a la Administración Federal de Seguridad de Autotransportes del Departamento de Transporte por teléfono a través de la línea gratuita 1-888-368-7238 (pregunte por alguien que hable español) o por Internet en el sitio web www.ai.volpe.dot.gov/hhg/search.asp (en inglés).

MEJORAS Y REPARACIONES DEL HOGAR

Las mejoras y reparaciones del hogar pueden costar miles de dólares y son objeto de quejas frecuentes. Al seleccionar un contratista:

- Obtenga recomendaciones y referencias. Hable con amigos, familiares y otras personas que hayan utilizado los servicios del contratista para un trabajo similar.

- Obtenga al menos tres presupuestos por escrito. Insista en que los contratistas visiten su casa para evaluar lo que hay que hacer. Asegúrese de que los presupuestos cubran un mismo trabajo para que las comparaciones sean válidas.

- Verifique el historial de quejas contra el contratista. Usted puede obtener esta información de su agencia de protección al consumidor local o estatal o de la Oficina de Buenas Prácticas Comerciales (pág. 79).

- Asegúrese de que el contratista cumpla con los requisitos necesarios en cuanto a licencias y registros. Su agencia de protección al consumidor local o estatal puede serle de ayuda para saber cuáles son dichos requisitos.

- Obtenga los nombres de los proveedores y averigüe si el contratista hace los pagos puntualmente.

- Comuníquese con el departamento de inspección de construcciones de donde usted vive para consultar los requisitos establecidos para permisos e inspecciones. Desconfíe si el contratista le pide que obtenga usted el permiso. Esto puede significar que la empresa no cuenta con licencia.

- Confirme que el contratista esté asegurado. Este deberá tener un seguro de responsabilidad civil, un seguro de daños materiales y un seguro de indemnización de accidentes laborales para sus trabajadores y subcontratistas. Averigüe también con su compañía de seguros si usted está cubierto en caso de cualquier daño o lesión que pudiera ocurrir.

- Insista en un contrato por escrito que establezca exactamente el tipo de trabajo que se realizará, la calidad de los materiales que se utilizarán, garantías, cronogramas, nombres de todos los subcontratistas, precio total del trabajo y programa de pagos.

- Trate de limitar la cantidad del pago inicial. Algunos estados tienen leyes que limitan la suma requerida como pago inicial.

- Conozca sus opciones de pago. Compare el costo de obtener su propio préstamo con el costo de financiamiento del contratista.

- No haga ningún pago final ni firme ningún documento hasta quedar satisfecho con el trabajo y hasta saber que los subcontratistas y los proveedores hayan recibido su pago. Algunas leyes estatales permiten a los subcontratistas y proveedores que no hayan recibido su pago poner un gravamen de retención sobre su vivienda por las facturas que el contratista haya dejado sin pagar.

- Pague con tarjeta de crédito cada vez que pueda. Usted puede tener derecho a retener el pago a la compañía de la tarjeta de crédito hasta que los problemas se solucionen (pág. 17).

VIVIENDA

Sea especialmente precavido si el contratista:

- Va de puerta en puerta o lo busca a usted
- Por "coincidencia" trae consigo materiales sobrantes de un trabajo reciente
- Ofrece descuentos si usted le consigue otros clientes
- Cotiza un precio que no coincide con otros presupuestos
- Lo presiona para que usted tome una decisión rápida
- Solo puede ser localizado a través de mensajes dejados en una contestadora de voz
- No tiene una dirección física para el negocio.
- Tiene placas de otro estado
- Le pide que pague todo el trabajo por adelantado

En la mayoría de los trabajos de mejoras del hogar o remodelación, la ley federal otorga un periodo de tres días hábiles para cancelar el pago sin penalización. Por supuesto, usted será responsable del pago de cualquier servicio que hubiera recibido. Las leyes estatales también pueden ofrecerle cierta protección. Consulte sus derechos en la sección "Periodo de reflexión de 3 días" (pág. 4). Finalmente, recuerde que si usted financia los trabajos de mejoras con un préstamo sobre el valor acumulado de su vivienda y no realiza sus pagos, puede perder la vivienda.

CONTRATOS DE ARRENDAMIENTO O ALQUILER

Un contrato de arrendamiento es un contrato en el que se detallan las obligaciones del propietario y de los inquilinos de una casa o un departamento. Este documento crea una obligación legal que los tribunales generalmente confirmarán en un procedimiento judicial, por lo que es importante que usted conozca las condiciones exactas del contrato de arrendamiento antes de firmarlo. Antes de que usted reciba un acuerdo de alquiler, el propietario puede revisar su informe de crédito; por lo tanto, le conviene obtener una copia y revisar que la información esté correcta antes de que comience su búsqueda de vivienda.

Revise si en el contrato constan:

- Cláusulas que permiten al propietario cambiar las condiciones del contrato después de firmarlo
- Obligaciones y responsabilidades de los inquilinos de realizar reparaciones de rutina tales como mantenimiento del césped, limpieza o notificación de reparaciones
- Restricciones que le impedirían vivir normal o cómodamente en la vivienda
- Duración del contrato y fechas importantes, tales como cuándo hay que pagar el alquiler o los días de recolección de basura
- Cargos adicionales por estacionamiento, almacenamiento, recolección de basura y mascotas.

OBTENGA GRATIS SU HISTORIAL DE ALQUILER

¿Está pensando en mudarse a un nuevo apartamento? Asegúrese de pedir una copia gratuita de un informe con su historial como inquilino. Su nuevo arrendatario usará uno para determinar si le alquilará una casa a usted. Averigüe más en el recuadro de la pág. 34.

- Información sobre proveedores de servicios públicos, cómo solicitar los servicios que necesita y quién es responsable de pagar las cuentas (si el inquilino o el propietario). Lea "Electricidad, Gas Natural, y Agua", pág. 23)

Todo lo que no se convenga o se entienda claramente debe modificarse o excluirse. Todas las responsabilidades del inquilino deben establecerse claramente. Obtenga siempre una copia del contrato firmado para sus archivos. Todas las cláusulas o condiciones del contrato afectan a TODAS las partes que lo firman.

Consulte con el Better Business Bureau (p. 79) o la oficina local de protección al consumidor (p. 79) para determinar si su posible arrendador tiene alguna queja existente de inquilinos pasados.

Los inquilinos que arrienden o alquilen propiedades están protegidos contra la discriminación por la Ley de Equidad de Vivienda. Si cree que se han infringido sus derechos, puede escribir o llamar a la oficina más cercana del Departamento de Vivienda y Desarrollo Urbano. Tiene un año después de la presunta infracción para presentar una queja, pero debe hacerlo lo antes posible.

Cada estado tiene sus propios derechos, leyes y protecciones para inquilinos. Para consultar el directorio estado por estado, visite www.hud.gov/local (en inglés). También puede encontrar viviendas públicas disponibles en www.espanol.hud.gov. La agencia ofrece varios programas de asistencia sobre vivienda para inquilinos y propietarios.

La mejor forma de convencer a un propietario para que le arriende una propiedad es estar preparado:

- Presente una solicitud de arrendamiento completa, referencias por escrito de propietarios anteriores, empleadores, amigos y colegas, así como una copia actualizada de su informe de crédito (pág. 17).
- Revise cuidadosamente el contrato de arrendamiento antes de firmarlo.
- Obtenga todas las promesas por escrito.
- Conozca sus derechos de vivir en una unidad de arrendamiento habitable y no renuncie a ellos.
- Mantenga abierta la comunicación con el propietario.
- Adquiera un seguro para inquilinos para asegurar sus objetos de valor (pág. 41)
- Asegúrese de que en su contrato de alquiler o arrendamiento se detallen los procedimientos de reembolso del depósito de seguridad.

SECCIÓN 2: CÓMO PRESENTAR UNA QUEJA

CÓMO PRESENTAR UNA QUEJA

Hasta el consumidor más informado puede tener problemas con algún artículo o servicio de vez en cuando. Como consumidor, usted cuenta con el derecho a quejarse si tiene un problema genuino. Es su responsabilidad. No se puede resolver un problema si nadie sabe que este existe.

PÓNGASE EN CONTACTO CON EL VENDEDOR

El primer paso para resolver un problema como consumidor es contactar al vendedor. Casi todos los problemas de los consumidores pueden resolverse hablando con un vendedor o un representante de servicio. Hágalo lo más pronto posible, ya que algunas tiendas tienen tiempos límites para devoluciones y reembolsos. Si esto no funciona, pida hablar con un supervisor o gerente. Si esto no da resultado, trate de subir más alto en la escala jerárquica: a la sede nacional del vendedor o fabricante del artículo.

Muchas compañías tienen una división especial de servicio al cliente cuya función principal es resolver problemas de consumidores. Algunas proporcionan un número telefónico gratuito e imprimen la dirección de la oficina de atención al consumidor en la etiqueta del producto, garantía u otros documentos que se le entregan al hacer la compra. Si no es así:

- Visite el sitio web de la compañía. Busque el enlace "Contáctenos".
- Llame a la operadora de líneas gratuitas al 1-800-555-1212 para averiguar si la compañía tiene un número de llamadas gratis.
- Pida ayuda en su biblioteca local. Casi todas las bibliotecas públicas tienen libros de referencia con información de contacto.
- Al hacer su búsqueda, tenga en cuenta que el nombre del fabricante o empresa matriz puede ser diferente al de la marca. ThomasNet es una base de datos de fabricantes que puede resultar muy útil.

- Explique a cada persona, con calma y precisión, en qué consiste el problema y qué acción desea usted que se lleve a cabo. Enviar una carta por escrito es una buena estrategia ya que usted tendrá documentada su comunicación con la compañía. El modelo de carta en la pág. 67 lo ayudará a preparar una queja por escrito.
- Sea breve y directo. Apunte todos los datos importantes de la transacción, incluyendo lo que compró, números de serie o modelo, el nombre y la dirección del vendedor y la fecha en que realizó su compra.
- Especifique claramente lo que usted quiere que se haga para resolver el problema y cuánto tiempo está dispuesto a esperar una respuesta. Sea razonable.
- No escriba una carta amenazante, sarcástica o subida de tono. La persona que lee su carta probablemente no fue responsable de su problema, pero lo puede ayudar a resolverlo.
- Incluya copias de todos los documentos relacionados con su problema. Conserve los originales.
- Dé su nombre, dirección y número de teléfono. Si la transacción que efectuó tiene un número de cuenta, asegúrese de incluirlo.
- Lleve un registro de sus esfuerzos por contactar al vendedor, incluyendo el nombre de la persona con quien ha hablado y las acciones que se tomaron para resolver el problema. También debe anotar las fechas y horas en las que se contactó con el vendedor.
- Si usted utiliza un formulario de queja en línea de una compañía, imprímalo o capture una toma de la pantalla antes de hacer clic sobre "presentar" (*submit,* en inglés) de modo que usted tenga un registro de su queja.

RESUELVA UNA QUEJA CON LOS SIGUIENTES PASOS

- Empiece por crear un archivo o registro para registrar todos los contactos y documentos.
- Póngase en contacto con el vendedor.
- Póngase en contacto con el fabricante.
- Contacte a asociaciones en la industria.
- Póngase en contacto con la oficina de protección al consumidor en su estado y las oficinas de reglamentación o concesión de licencias en el estado donde se encuentra la empresa.
- Póngase en contacto con el Consejo de Buenas Prácticas Comerciales (Better Business Bureau) más cercano.

BUSQUE AYUDA

No se rinda si no queda satisfecho con la respuesta dada por el vendedor a su queja. Después de haberle concedido un tiempo razonable para resolver el problema,

CÓMO PRESENTAR UNA QUEJA

analice la posibilidad de presentar su queja a una o varias de las siguientes organizaciones:

- **Oficinas locales o estatales de protección al consumidor** (pág. 79). Estas agencias gubernamentales actúan como mediadoras en las quejas, realizan investigaciones y procesan a quienes infringen las leyes que amparan a los consumidores.
- **Las agencias estatales que regulan los negocios.** Por ejemplo, los bancos, la bolsa (títulos, valores), los seguros y los servicios públicos son regulados por el estado donde operan (pág. 79).
- **Las agencias locales y estatales de certificación.** Los médicos, abogados, contratistas de reparaciones y mejoras al hogar, las tiendas de piezas de repuesto de autos, los cobradores de deudas y las personas que se ocupan del cuidado de niños pequeños están obligados a inscribirse y recibir una licencia que les permita ejercer como tales. La junta o agencia encargada de supervisar este proceso está capacitada para manejar las quejas de los consumidores y tiene autoridad para adoptar medidas disciplinarias. La oficina estatal de protección al consumidor puede ayudarlo a identificar la agencia más apropiada (pág. 79).
- **Las Oficinas de Buenas Prácticas Comerciales** (pág. 79). Esta red de organizaciones sin fines de lucro, financiada por los negocios locales, trata de resolver las quejas que los compradores tienen sobre los vendedores. Las quejas sin resolver son archivadas y sirven de fuente de información para futuros clientes del vendedor. La organización que acoge estas oficinas colabora en aquellas quejas relacionadas con la veracidad de la publicidad nacional y colabora en la resolución de conflictos con fabricantes de autos a través del programa BBB AUTO LINE (pág. 80).
- **Las asociaciones gremiales.** Usualmente las compañías que venden productos o servicios similares pertenecen a asociaciones industriales que ayudan a solucionar los problemas que surgen entre sus miembros y los consumidores (pág. 80).
- **Las organizaciones nacionales de consumidores.** Algunas de estas organizaciones ayudan a los consumidores en sus quejas. Otras pueden no estar en condiciones de ayudar a consumidores individuales, pero están interesadas en conocer los problemas que puedan influir en la educación de los consumidores y en su protección.
- **Los programas de los medios de comunicación.** Generalmente los periódicos locales, las estaciones de radio y las estaciones de televisión poseen líneas de acción o servicios de "Línea Directa" y se esfuerzan por encontrar soluciones a las quejas que reciben de los consumidores. Revise en su periódico local o en las estaciones de radio y televisión para encontrar estos servicios.

PROGRAMAS DE RESOLUCIÓN DE DISPUTAS

Algunas compañías e industrias ofrecen programas para resolver desacuerdos entre compradores y vendedores. La industria automotriz posee varios de estos programas (pág. 80). Algunos tribunales de demandas menores cuentan también con un programa de solución de litigios que sirve como alternativa a ir a juicio.

La mediación, el arbitraje y la conciliación son los tipos más comunes de solución de disputas. En la mediación, las partes involucradas en el litigio se reúnen con un tercero, que debe ser neutral, y juntos llegan a un acuerdo. En el arbitraje, un tercero decide cómo resolver el problema. Solicite siempre una copia de las reglas que rigen cualquier programa antes de participar en él. Usted debería saber de antemano si la decisión es vinculante, es decir, de carácter obligatorio. Algunos programas no requieren que ambas partes acepten la decisión. Pregunte también si la participación en el programa le impide a usted tomar otra acción legal.

Algunos contratos incluyen una cláusula que le prohíbe tomar acción legal y obligan a recurrir a un arbitraje entre usted y la compañía en disputa. La cláusula puede limitar su capacidad de llevar un caso al tribunal. Asegúrese de leer los contratos cuidadosamente para ver si incluyen una cláusula obligatoria de arbitraje. Si usted no desea que le prohíban tomar acción legal cuando lo considere necesario, usted puede optar por no comprar un artículo de la compañía. Si usted no tiene ninguna otra opción, escriba en el contrato que usted no está de acuerdo con la cláusula e incluya sus iniciales al lado de esta declaración.

TRIBUNAL DE DEMANDAS MENORES

Los tribunales de demandas menores procesan causas de menor cuantía. Mientras que la cantidad máxima que se admite para establecer la demanda puede diferir entre un estado y otro, lo común de los procedimientos judiciales en estos casos es la simplicidad, el bajo costo, la rapidez y la informalidad. Los honorarios de la corte son mínimos y, si usted gana el caso, puede obtener la devolución de los honorarios que pagó al presentar su demanda. Generalmente no se requiere de un abogado, incluso en algunos estados ni siquiera se permite. No se sienta intimidado si usted vive en un estado que permite presentar un abogado y la parte a la que usted está demandando se presenta con uno. La mayoría de los jueces hacen concesiones a los consumidores que se presentan sin abogado. Tenga presente que, aunque la audiencia es informal, la decisión del juez tiene que ser acatada.

Si usted presenta un caso y lo gana, la parte perdedora queda obligada a entregarle lo que la corte indique que le debe, sin necesidad de una acción posterior de su parte. Sin embargo, algunos perdedores se niegan a respetar la decisión de la corte. En este caso, usted puede volver a la corte y pedir que se haga cumplir la orden. Dependiendo de las leyes locales, los oficiales encargados del cumplimiento de la ley podrían aplicar medidas como

CÓMO PRESENTAR UNA QUEJA

vender una propiedad del deudor y tomar dinero de la cuenta bancaria o de la caja registradora del negocio de este. Si el deudor recibe un salario, la corte podría ordenar la retención de cierta cantidad de dinero de cada cheque de pago para que salde la deuda que tiene con usted.

Revise en su directorio telefónico local, bajo el encabezamiento de Gobierno estatal, municipal o del condado, los tribunales de demandas menores existentes. Pregunte al empleado o funcionario de la corte cómo utilizar los tribunales de demandas menores. Antes de llevar su caso ante un tribunal, pregunte si este tiene alguna información disponible que pueda ayudarlo a preparar lo que debe exponer ante el juez.

AYUDA E INFORMACIÓN LEGAL

Si usted necesita un abogado que lo asesore o represente, pregunte a sus amigos y familiares si conocen a alguien que puedan recomendarle. También puede dirigirse al Servicio de Referencia de Abogados del Colegio de Abogados de su estado, condado o ciudad, que podrá encontrar en su directorio telefónico local. En relación con asuntos legales de índole general, puede encontrar ayuda en sitios web como www.lawinfo.com/espanol.html y, para abogados de inmigración, www.ailalawyer.com (haga clic en español).

Consejos para escoger un abogado

Muchos abogados que principalmente prestan servicios a individuos y familias tienen experiencia en una amplia gama de servicios legales de demanda frecuente como divorcios y asuntos familiares, testamentos y legalizaciones, bancarrotas y problemas de deudas, bienes raíces, delitos y/o daños personales. Algunos tienen una especialización específica. Asegúrese de que el abogado que está considerando contratar tenga experiencia en el área que usted necesita.

Una vez que haya seleccionado algunos candidatos:

- Llame por teléfono a cada abogado, explíquele su problema legal y cerciórese de que él o ella pueda encargarse de su situación.
- Averigüe si debe pagar por una consulta inicial.
- Solicite un estimado de lo que usualmente cobra por ocuparse de un caso como el suyo.

LOS NOTARIOS NO SON ABOGADOS

En otros países un notario puede ser un abogado licenciado que trabaja en asuntos legales. Sin embargo, los notarios en Estados Unidos no son abogados de oficio y no tienen ninguna autoridad legal para ejercer y representarlo en un problema que usted tenga. Si usted necesita ayuda legal, póngase en contacto con un abogado afiliado al Colegio de Abogados de Estados Unidos o busque recursos en esta página.

- Pregunte si los honorarios son por hora de servicio o si aceptaría un honorario de contingencia, es decir, un porcentaje de lo que usted obtenga en el juicio.

La consulta inicial es una oportunidad para que usted y el abogado se conozcan. Después de escuchar la descripción de su caso, el abogado podrá darle una idea general de sus derechos y responsabilidades, así como de las alternativas de acción. Durante la consulta inicial, el abogado puede explicarle lo que puede hacer por usted y lo que le costará. No dude en preguntarle qué experiencia tiene en casos como el suyo. Tampoco dude en averiguar los honorarios y los probables resultados. Si está pensando en concertar una consulta inicial y contratar al abogado, solicite un convenio de pago por escrito.

¿Qué hacer si no puede pagar un abogado?

Si usted no tiene suficiente dinero para pagarle a un abogado, podría reunir los requisitos para recibir asesoría legal gratuita de la Corporación de Servicios Legales o la Asociación Nacional de Abogados de Ayuda Legal. Generalmente estas oficinas ofrecen asesoría legal sobre asuntos referentes a relaciones entre propietarios e inquilinos, créditos, servicios públicos, asuntos de familia (divorcio, adopción, etc.), ejecución hipotecaria, fraudes sobre el valor acumulado de una propiedad, seguro social, asistencia social, desempleo e indemnizaciones a trabajadores. Si la oficina de asistencia legal de su área no se encarga de casos como el suyo, ellos podrían recomendarle otras organizaciones con capacidad de brindarle ayuda.

Para ubicar la oficina de la Asociación Nacional de Ayuda Legal y Defensa más cercana, busque en el directorio telefónico local o comuníquese con:

National Legal Aid and Defender Association
1140 Connecticut Ave., NW, Suite 900
Washington, DC 20036
202-452-0620
www.nlada.org (en inglés)

Para localizar la oficina de la Corporación de Servicios Legales más cercana a usted, busque en el directorio telefónico local o comuníquese con:

CÓMO PRESENTAR UNA QUEJA

LSC Public Affairs
3333 K St., NW, 3rd Floor
Washington, DC 20007
202-295-1500
www.lsc.gov (en inglés)

Las facultades de derecho ofrecen ayuda legal gratuita proporcionada por estudiantes bajo la supervisión de un abogado. Algunos de estos programas están abiertos al público. Otros limitan sus servicios a grupos específicos como personas de la tercera edad o personas de bajos ingresos. Infórmese en la facultad de derecho de su área sobre la disponibilidad de tales programas.

DENUNCIE EL FRAUDE Y LOS RIESGOS DE SEGURIDAD

Si usted sospecha que alguna ley ha sido violada, contacte a la agencia local o estatal de protección al consumidor. Esta agencia puede hacer algo al respecto o referirlo a otra organización del estado con autoridad en el lugar donde usted vive. Un agente del orden público también puede ofrecerle consejo y asistencia.

Las personas que no tienen intención de entregar lo que han vendido, describen indebida y engañosamente los productos, envían productos falsificados o intentan por otro medio de estafarlo, están cometiendo un fraude.

Las violaciones de las leyes federales deben ser denunciadas a la agencia federal responsable de hacerlas cumplir. Aunque las agencias federales rara vez pueden actuar en representación de consumidores individuales, las quejas se utilizan para documentar patrones de abuso que puedan permitirle a la agencia tomar acción contra una compañía o industria.

Usted puede encontrar la agencia federal apropiada utilizando el directorio de agencias federales (pág. 72).

Si usted sospecha que existe fraude, considere algunas acciones adicionales:

- Comuníquese con la Comisión Federal de Comercio (pág. 73). Nota: esta agencia no se encarga de quejas individuales.
- Las estafas que utilizan el correo o el servicio de entregas interestatales también deben ser reportadas al Servicio Postal de EE. UU. (pág. 78). Es ilegal utilizar el correo para estafar o con la intención de robar dinero.
- Reporte las estafas que son basadas en Internet al Centro de Queja de Delito en Internet: www.ic3.gov (en inglés).

Reportar un fraude rápidamente incrementa las oportunidades de recuperar lo que ha perdido y ayuda a las autoridades del orden público a impedir las estafas antes de que otros también sean víctimas.

Si usted sospecha que un producto representa un riesgo de seguridad, notifique el problema a la agencia federal correspondiente:

- **Productos animales.** Administración de Alimentos y Medicamentos (pág. 75)
- **Químicos domésticos.** Agencia de Protección Ambiental (pág. 72)
- **Alimentos.** Departamento de Agricultura (pág. 74), Administración de Alimentos y Medicamentos (pág. 75)
- **Autos.** Administración Nacional de Seguridad del Tráfico en las Carreteras (pág. 77)
- **Medicamentos, cosméticos y equipos médicos.** Administración de Alimentos y Medicamentos (pág. 75)
- **Mariscos.** Administración de Alimentos y Medicamentos (pág. 75) y Departamento de Comercio
- **Productos domésticos.** Comisión de Seguridad de Productos del Consumidor (pág. 73)
- **Juguetes, equipos y juegos para bebés.** Comisión de Seguridad de Productos del Consumidor (pág. 73).

MODELO DE CARTA DE QUEJA

Guarde copias de todas sus cartas, e-mails, recibos, contratos, números de confirmación del pedido. manuales del propietario, documentos de garantía y documentos relacionados.

Su dirección
Ciudad, estado, código postal

Fecha

Nombre de la persona de contacto (si lo sabe)
Título o cargo de la persona (si lo sabe)
Nombre de la compañía
División de Quejas del Consumidor (si no sabe el nombre de la persona de contacto)
Dirección
Ciudad, estado, código postal

Estimado (nombre de la persona de contacto):

Re: (número de cuenta, si es el caso)

- describa la compra

El día *(fecha)*, *(compré, arrendé o me repararon)* un(a) *(nombre del producto, número de serie y denominación del modelo o descripción del servicio prestado)* en *(lugar, fecha, y otros detalles de la transacción que sean importantes)*.

- nombre del producto y número de serie

- explique el problema

Lamentablemente, su producto *(servicio)* no ha cumplido con lo esperado porque *(defina el problema)*.
Me siento decepcionado porque *(explique el problema: el producto no funciona como es debido, el servicio no fue llevado a cabo correctamente, me facturaron una suma errónea, algo no fue explicado claramente o fue mal interpretado, etc.)*.

- incluya la fecha y el lugar de la compra

- dé los antecedentes

Para resolver el problema, le agradecería *(indique aquello que desea específicamente que se haga: la devolución del dinero, el reintegro del cargo a su tarjeta de crédito, una reparación, un cambio, etc.)*. Adjunto copias *(no envíe los originales)* de los documentos que tengo *(incluya recibos, certificados de garantías, garantías, cheques cancelados, contratos, modelo y número de serie, así como cualquier otro documento)*.

- pida una acción específica

- incluya copias de los documentos

Confío en su respuesta y en que se le dé una solución favorable a mi problema. Esperaré hasta *(fije un plazo)* antes de gestionar la ayuda de una agencia de protección al consumidor o de la Oficina de Buenas Prácticas Comerciales. Sírvase comunicarse conmigo en la dirección arriba mencionada o, por teléfono, al *(número telefónico de su casa y/o oficina con el código de área)*.

- dé tiempo para que se actúe

Atentamente,

- diga cómo usted puede ser localizado

Su nombre
Adjunto(s)

Descargue el modelo de carta de queja en:
www.gobiernousa.gov/Temas/Consumidor/Informacion/modelo-carta-queja.shtml

SECCIÓN 3: RECURSOS DE INFORMACIÓN BÁSICA

RECURSOS DE INFORMACIÓN BÁSICA

Centro Federal de Información para el Público
Federal Citizen Information Center

El Centro Federal de Información para el Público ofrece información en español a través de GobiernoUSA.gov, el sitio web oficial del Gobierno de Estados Unidos, y su presencia en las redes sociales: facebook.com/GobiernoUSA, twitter.com/GobiernoUSA y youtube.com/GobiernoUSA. El público también puede obtener información en español llamando a la línea gratuita 1-800-FED-INFO (1-800-333-4636). El sitio web oficial del Gobierno en inglés es USA.gov y el sitio web para obtener publicaciones es Publications.USA.gov.

AARP
601 E St., NW
Washington, DC 20049
Línea gratuita: 1-877-342-2277
www.aarp.org/espanol
Email: socios@aarp.org

AARP es una organización sin fines de lucro que se dedica a atender las necesidades de las personas de 50 años o más. La agrupación tiene una línea directa de información en español y un portal de Internet para los miembros de habla hispana.

Acción del Consumidor
Consumer Action
221 Main Street, Suite 480
San Francisco, CA 94105
415-777-9635 (para español presione el 3)
www.consumer-action.org/spanish
Email: hotline@consumer-action.org

Consumer Action es una organización sin fines de lucro que se dedica a defender al consumidor. Consumer Action publica encuestas y distribuye materiales educativos bilingües, tanto de forma impresa como por Internet. La organización también ofrece ayuda gratis al consumidor a través de su línea directa y le recomiendan a qué organización puede dirigirse con su queja.

Centro para el Estudio de Servicios
Center for the Study of Services
www.checkbook.org (en inglés)

Evalúa la calidad y el precio de los servicios locales en las principales áreas metropolitanas.

Consumer World
www.consumerworld.org

Un sitio web que sirve al público con enlaces a cientos de recursos para el consumidor, corporaciones y agencias gubernamentales.

Instituto Nacional de Alimento y Agricultura
www.nifa.usda.gov o www.extension.org

(ambos en inglés)

Los programas cubren temas de alimentación y nutrición, vivienda, jardinería, presupuesto, uso de crédito, ahorro para la jubilación y mucho más.

Consumer Reports
101 Truman Ave.
Yonkers, NY 10703-1057
914-378-2000
espanol.consumerreports.org

Consumer Reports es una organización independiente y sin fines de lucro que investiga y evalúa bienes y servicios como autos, electrodomésticos, alimentos, prendas de vestir, equipaje y seguros. Ciertos tipos de datos están disponibles sin cargo alguno por Internet. Las publicaciones impresas, incluyendo las suscripciones a la revista mensual *Consumer Reports,* tienen un costo.

Bibliotecas
www.publiclibraries.com (en inglés)

En las bibliotecas públicas usted puede encontrar publicaciones de las diversas organizaciones mencionadas en esta guía. Algunas bibliotecas universitarias o privadas también permiten el uso público de sus materiales de referencia. Consulte el sitio web o la guía telefónica local para encontrar las bibliotecas cercanas a su hogar.

PREPARACIÓN PARA EMERGENCIAS

Un desastre puede ocurrir en cualquier momento, sea que se trate de incendios, inundaciones, huracanes, tornados y hasta emergencias nacionales. Para protegerse usted y proteger su familia, mascota, hogar y negocio es importante estar preparado. En algunas ocasiones puede incluso ser elegible para recibir ayuda del Gobierno.

Existen numerosas fuentes de información para ayudarlo a prepararse. Para empezar, visite:

- www.disasterassistance.gov/es
- www.listo.gov
- www.cruzrojaamericana.org

En caso de un desastre, asegúrese que usted tiene su documento de identidad, dinero en efectivo, tarjetas de débito y crédito, y una lista de sus números de cuenta

RECURSOS DE INFORMACIÓN BÁSICA

y números de póliza de seguros. Visite www.ready.gov/financialpreparedness (en inglés) para ayudarlo a hacer un plan financiero antes de un desastre. Es también provechoso tener un inventario de casa con sus pertenencias. Usted puede crear uno y guardarlo en Internet para poder accederlo desde cualquier parte: www.knowyourstuff.org (en inglés).

PARA PERSONAS CON DISCAPACIDADES

El Consejo Nacional para la Discapacidad (www.ncd.gov, en inglés) es una agencia federal que tiene como objetivo mejorar la calidad de vida de los estadounidenses con discapacidades y sus familias.

RECURSOS PARA CONSUMIDORES CON DISCAPACIDADES

Servicio de retransmisión de telecomunicaciones. El servicio de retransmisión de telecomunicaciones conecta las conversaciones telefónicas entre personas que utilizan teléfonos estándares y personas que utilizan teléfonos de texto (TTYs, sigla en inglés). Las llamadas pueden realizarse desde cualquier tipo de teléfono a otro por medio del servicio de retransmisión.

Servicios locales de retransmisión. Los estados suministran servicios de retransmisión para llamadas locales y de larga distancia. Consulte su directorio telefónico para obtener información sobre el uso, cargos (si existe alguno), servicios e instrucciones de marcado para el área.

Servicio federal de retransmisión. El servicio federal de retransmisión, un programa de la Administración General de Servicios, (pág. 72) proporciona acceso a los usuarios de teléfono de texto que desean hacer negocios oficiales a nivel nacional con y dentro del Gobierno federal. El número gratuito es: 1-800-877-8339. Para más información sobre comunicaciones de retransmisión o para obtener un folleto sobre el uso del servicio federal de retransmisiones, llame al 1-800-877-0996.

Otros servicios. Los consumidores sordos o con dificultades de audición, o con impedimento del habla y acceso al uso de un teléfono de texto, pueden recibir ayuda del operador y el directorio para hacer llamadas, conectándose al 1-800-855-1155. Revise las páginas de introducción en su directorio local de teléfonos para servicios adicionales de TTY.

La Red Nacional sobre Derechos por Discapacidad (www.ndrn.org, en inglés) proporciona servicios de apoyo a las leyes para las personas con discapacidades.

El Departamento de Educación (www2.ed.gov/espanol/bienvenidos/es/idea.html) proporciona capacitación e información para padres de niños con discapacidades y para las personas que trabajan con ellos.

El Departamento de Vivienda y Desarrollo Urbano (pág. 78) ofrece información sobre los derechos en materia de vivienda para las personas con discapacidades y responde las preguntas de los constructores sobre sus responsabilidades según la ley federal. Para más información, visite el sitio web www.espanol.hud.gov.

El Servicio Nacional de Bibliotecas para Ciegos y Personas con Discapacidades Físicas (www.loc.gov/nls, en inglés) presta gratis libros y revistas en sistema braille o grabado, partituras en braille e impresas en caracteres grandes, así como equipos de reproducción diseñados especialmente para los residentes de EE. UU. que no pueden leer o utilizar los materiales impresos comunes debido a impedimentos de tipo visual o físico. También ofrece material en español.

PARA EL PERSONAL MILITAR

La familia del militar de hoy afronta muchos desafíos como consumidor además del estrés adicional provocado por las separaciones frecuentes. Para aliviar tales dificultades, los centros familiares y otros programas descritos a continuación dan apoyo y ayuda para las familias del personal militar.

Centros familiares para militares de EE. UU.

Ubicados en la mayoría de las instalaciones militares, los centros familiares brindan información, educación en destrezas para la vida y servicios de apoyo a miembros del Ejército y sus familias. Una función clave del centro familiar es poner en contacto a la persona con los servicios adecuados disponibles en la comunidad local o a través de los programas de ayuda estatal y federal. Para cumplir apropiadamente este rol, el director mantiene vínculos de trabajo con organizaciones de servicios sociales y asistencia para empleos, sistemas escolares, policía y grupos de recreación.

Oficina de Asuntos Familiares de la Fuerza Aérea
Air Force Community Readiness and Family Support

Los Centros de Preparación de Aviadores y Familiares (A&FRC, sigla en inglés) están localizados en cada instalación de la fuerza aérea y ofrecen una variedad de recursos a los aviadores y sus familias. Las consultas individuales están disponibles sobre información de todo tipo, como el manejo financiero, ayuda de transición, empleo de cónyuge, preparación, despliegue, vida familiar y ayuda para traslado.

Servicios Comunitarios del Cuerpo de Marines
Marine Corps Community Services
Headquarters and Service Battalion, Henderson Hall

RECURSOS DE INFORMACIÓN BÁSICA

RECURSOS PARA FAMILIAS DE MILITARES

Asegúrese de aprovechar los recursos destinados para el personal militar y sus familias. Averigüe en los centros para las familias militares en su instalación para tener acceso a ayuda financiera. La Oficina para la Protección Financiera del Consumidor sirve al servicio militar y ofrece recursos para planificar su futuro financiero y evitar ser víctima de fraude en www.consumerfinance.gov/servicemembers (en inglés). La línea militar de las Oficinas de Buenas Prácticas Comerciales también ofrece educación al consumidor militar y apoyo a miembros del servicio militar: www.bbb.org/council/programs-services/bbb-military-line (en inglés). Si necesita presentar una queja, puede presentarla ante la Comisión Federal de Comercio (pág. 73) o la CFPB (pág. 78).

1550 Southgate Rd.
Building 29, Room 305
Arlington, VA 22214-5103
703-614-7171
www.usmc-mccs.org (en inglés)

Asistencia Familiar Naval
Fleet and Family Support Programs
Commander, Navy Installations Command
716 Sicard St., SE Suite 1000
Washington Navy Yard, DC 20374-5140
www.ffsp.navy.mil (en inglés)

Centro de Apoyo, Bienestar y Recreación para la Familia del Ejército de EE. UU.
Family and Morale, Welfare and Recreation Command, Family Programs
Directorate, Army Community Service
4700 King St.
Alexandria, VA 22302
703-681-5375
www.myarmyonesource.com (en inglés)

Guardacostas de EE. UU.
U.S. Coast Guard
Office of Worklife
2100 Second St., SW, Stop 7013
Washington, DC 20593-7001
202-372-4084 (en inglés)
www.uscg.mil (en inglés)

FedsHireVets
Veterans Employment Program Office
U.S. Office of Personnel Management
1900 E St., NW
Washington, DC 20415-0001
Phone: 202-606-5090
www.fedshirevets.gov (en inglés)

FedsHireVets es un servicio de la Oficina de Administración de Personal (OPM, sigla en inglés) para ayudar a los veteranos a obtener información sobre puestos de empleo en el Gobierno federal.

Observador de Asuntos del Consumidor Militar
Consumer Sentinel
www.ftccomplaintassistant.gov
Los miembros de las fuerzas armadas pueden ingresar en esta base de datos sus quejas como consumidores. Las agencias del orden público, oficinas de los jueces militares y el Departamento de Defensa pueden acceder a la base de datos para ayudar a los miembros de las fuerzas armadas y sus familias.

Military OneSource
1-800-342-9647
www.militaryonesource.com (en inglés)

Military OneSource es una excelente fuente de información y asistencia para el personal militar y sus familias.

Comisariatos militares y oficinas comerciales
Los consumidores que compran en los comisariatos militares u oficinas comerciales y que tienen una pregunta o un problema, deben comunicarse con el administrador local antes de contactarse con las oficinas regionales. Si no se resuelve su problema a nivel local, escriba o llame a la oficina regional más cercana.

Directorio Nacional de Recursos
National Resource Directory
www.nationalresourcedirectory.gov (en inglés)

El Directorio Nacional de Recursos mantiene un directorio en Internet que sirve de "páginas amarillas" para veteranos, miembros del servicio que están heridos, enfermos o lesionados, y sus familiares. Este directorio tiene información sobre una variedad de servicios médicos y no médicos, además de recursos requeridos para lograr sus objetivos personales y profesionales a lo largo de las transiciones de la recuperación a la rehabilitación, y finalmente a la reintegración en su comunidad. Este directorio consiste en una colaboración en línea entre el Departamento de Defensa, el Departamento de Trabajo y el Departamento de Asuntos de los Veteranos, proporcionando enlaces a servicios y recursos, tanto de agencias federales, estatales y locales como de organizaciones humanitarias, comunitarias, sin fines de lucro y al servicio de personas veteranas, además de recursos de asociaciones profesionales e instituciones académicas.

SaveandInvest.org
www.saveandinvest.org/militarycenter (en inglés)

Sea en una base militar o asignación en el extranjero, es crucial que el personal militar tenga acceso a información sobre educación financiera. Así podrán tomar mejores

RECURSOS DE INFORMACIÓN BÁSICA

decisiones de ahorro e inversión. Este sitio ofrece capacitación, tanto por Internet como en persona, para apoyar al personal militar con sus metas financieras importantes.

¡ALERTA! FRAUDES CONTRA MILITARES

Los soldados, marinos y aviadores del servicio militar representan un mercado atractivo para los estafadores, por varias razones. Muchos miembros del servicio militar son jóvenes y se encuentran tomando decisiones financieras importantes por primera vez. Reciben un sueldo fijo, bonos de reenganche y pagos por despliegue. Además, las familias de militares se desplazan con frecuencia y no saben qué vendedores hay que evitar. Los estafadores también saben que el personal militar está obligado a mantener sus finanzas en buen estado y pueden ser más propensos a pagar una deuda falsa, para evitar problemas.

Usted puede tomar medidas para protegerse y proteger sus finanzas:

- Tenga cuidado con vendedores o "profesionales de inversión" que utilizan sus conexiones militares para realizar una venta. Este podría ser el caso de un fraude disfrazado. Lea sobre fraude por afinidad (pág. 29).

- Protéjase del robo de identidad cambiando su dirección postal cuando sea reubicado.

- Póngase en contacto con las agencias de informe de crédito para avisar de su servicio militar activo y contar con esta alerta en sus cuentas. Esto limita la capacidad que tienen los ladrones de identidad para solicitar crédito en su nombre mientras se encuentra en servicio.

- Conozca sus derechos. La Ley de Alivio Civil para Miembros del Servicio amplía los derechos de consumidores al personal militar. Esta protección adicional ayuda a los militares en el caso de un fallo por incomparecencia y para poder anular contratos y arriendos. Para más información, visite www.dmdc.osd.mil/appj/scra (en inglés).

AGENCIAS FEDERALES

Agencias Federales

Muchas agencias federales se dedican a hacer cumplir reglamentos y atender quejas sobre productos y servicios utilizados por el público en general. Otras actúan en beneficio del público, pero no resuelven problemas específicos de los consumidores. Las agencias tienen también hojas de datos, manuales y otras informaciones que pueden ser de utilidad al tomar decisiones sobre compras o al tratar problemas de los consumidores. Algunas agencias proporcionan información oportuna a través de páginas de perfil y videos en medios sociales, blogs, mensajes de texto y actualizaciones de noticias. Llame al 1-800-333-4636 para obtener ayuda al determinar la agencia correcta para ponerse en contacto.

Administración del Seguro Social

Social Security Administration (SSA)

Office of Public Inquiries
Windsor Park Building
6401 Security Blvd.
Baltimore, MD 21235
Línea gratuita: 1-800-772-1213 (para español presione el 2)
TTY: 1-800-325-0778 (lunes a viernes, 7 am - 7 pm, hora del Este)
www.segurosocial.gov/espanol
La Administración del Seguro Social proporciona beneficios por jubilación, para sobrevivientes y por incapacidad. También administra los pagos de la Seguridad de Ingreso Suplementario y asigna los números de Seguro Social a las personas que residen en los Estados Unidos.

Administración General de Servicios

General Services Administration (GSA)

Centro Federal de Información para el Público
Federal Citizen Information Center (FCIC)

1800 F Street, NW 2nd Floor, Wing 1
Washington, DC 20405
Línea gratuita: 1-844-872-4681
www.GobiernoUSA.gov
www.Publications.USA.gov (en inglés)
El Centro Federal de Información para el Público ofrece información en español para el consumidor en su sitio web GobiernoUSA.gov, así como a través 1-800-333-4636.

El Servicio Federal de Retransmisión
Federal Relay Service

TTY: 1-800-877-8339
El servicio proporciona acceso a los usuarios de teléfono de texto que desean hacer negocios oficiales a nivel nacional con y dentro del Gobierno federal.

Administración Nacional de Cooperativas de Crédito

National Credit Union Administration (NCUA)

1775 Duke St.
Alexandria, VA 22314-3428
703-518-1140
Línea gratuita: 1-800-755-1030
✉: consumerassistance@ncua.gov
www.espanol.mycreditunion.gov
www.ncua.gov (en inglés)
NCUA asegura los ahorros de 91 millones de socios de cooperativas de ahorro y crédito en los Estados Unidos.

Agencia de Protección Ambiental

Environmental Protection Agency (EPA)

Línea gratuita: 1-800-858-7378 (Centro de Información Nacional sobre Pesticidas, 10:30 am - 6:30 pm, hora del Este)
Línea gratuita: 1-800-424-8802 (para informar sobre derrames de aceite y sustancias químicas)
Línea gratuita: 1-800-426-4791 (para informar sobre agua potable, para español presione el 4, 10 am - 4 pm, hora del Este)
www.epa.gov/espanol
www.epa.gov/espanol/saludhispana/pesticidas.htm (Centro de Información Nacional sobre Pesticidas)
www.epa.gov/compliance/complaints/spanish-form.html (para denunciar violaciones ambientales)
www.epa.gov/espanol/agua.htm (Agua Potable)
La misión de la EPA es proteger la salud humana y el medio ambiente.

División de Calidad de Aire Interior
Indoor Environments Division (IED)

1200 Pennsylvania Ave., NW
Mail Code 6609J
Washington, DC 20460
202-343-9370
Línea gratuita: 1-800-438-4318
www.epa.gov/iaq/espanol.html
Esta oficina educa al público sobre los riesgos de salud asociados con una variedad de contaminantes ambientales interiores y fuentes de contaminación, incluyendo el radón, el moho y la humedad, el humo de segunda mano y los desencadenantes del asma.

Programa ENERGY STAR®
ENERGY STAR® Program

1200 Pennsylvania Ave., NW
Room 6202J
Washington, DC 20460
Línea gratuita: 1-888-782-7937 (en inglés)
✉: hotline@energystar.gov
www.energystar.gov/espanol
El rótulo ENERGY STAR® se otorga a productos de alta eficiencia energética para el hogar y la oficina. Comprar aparatos eléctricos y electrónicos, lámparas, equipos de calefacción y refrigeración y demás productos que llevan este rótulo ayuda a proteger el medio ambiente y ahorra dinero.

AGENCIAS FEDERALES

Agencia Federal para el Desarrollo de la Pequeña Empresa

Small Business Administration (SBA)

409 3rd St., SW, Suite 7600
Washington, DC 20416
Línea gratuita: 1-800-827-5722 (para español presione el 2)
TTY: 704-344-6640
✉: answerdesk@sba.com
www.sba.gov (en inglés)

Las oficinas de la Agencia Federal para el Desarrollo de la Pequeña Empresa están ubicadas en los 50 estados, el Distrito de Columbia, Puerto Rico, las Islas Vírgenes de EE. UU. y Guam. Para ubicar la oficina más cercana, busque en las páginas gubernamentales en la guía telefónica local.

Comisión de Bolsa y Valores

Securities and Exchange Commission (SEC)

Oficina de Educación y Asistencia a los Inversionistas
Office of Investor Education and Assistance (OIEA)
100 F St., NE
Washington, DC 20549-0213
Línea gratuita: 1-800-732-0330
www.sec.gov/investor/espanol.shtml

Esta oficina ofrece una variedad de servicios para atender los problemas y preguntas que tienen los inversionistas. La oficina no puede dar consejos sobre cómo invertir, pero sí puede dar información sobre cómo proteger su dinero y evitar los fraudes y abusos en los valores bursátiles.

Comisión de Derechos Civiles

Commission on Civil Rights

1331 Pennsylvania Ave., NW Suite 1150
Washington, DC 20425
202-376-8591
Línea gratuita: 1-800-552-6843 (para español presione el 2)
TTY: 1-800-877-8339
✉: referrals@usccr.gov
www.usccr.gov/espanol

La Comisión de los Derechos Civiles ayuda al público con las quejas de discriminación por raza, color, religión, sexo, discapacidad o país de origen. Además de la oficina central, también hay oficinas regionales.

Comisión de Negociación de Futuros de Productos Básicos

Commodity Futures Trading Commission (CFTC)

3 Lafayette Centre
1155 21st Street, NW
Washington, DC 20581
202-418-5000
www.cftc.gov (en inglés)

CFTC investiga y procesa el fraude comercial de bienes, tácticas engañosas de moneda extranjera, manipulación de energía y fraude de fondo de cobertura. CFTC también colabora con otras agencias federales y estatales para implementar acciones de cumplimiento en materia de asuntos comerciales con mercancía y materias primas.

Comisión de Seguridad de Productos del Consumidor

Consumer Product Safety Commission (CPSC)

4330 East West Highway
Bethesda, MD 20814
Línea gratuita: 1-800-638-2772 (para español presione el 2)
TTY: 1-800-638-8270 (línea gratuita)
✉: info@cpsc.gov
www.cpsc.gov/es/SeguridadConsumidor
www.recalls.gov/spanish.html (productos retirados del mercado)

La Comisión de Seguridad de Productos del Consumidor se encarga de proteger al público de riesgos, lesiones y muertes asociadas con productos de consumo.

Comisión Federal de Comercio

Federal Trade Commission (FTC)

Buró de Protección del Consumidor
Bureau of Consumer Protection
600 Pennsylvania Ave., NW
Washington, DC 20580
Línea gratuita: 1-877-382-4357 (para español presione el 2)
Línea gratuita: 1-888-382-1222 (Registro Nacional "No llame": para español presione el 2)
Línea gratuita: 1-877-438-4338 (Robo de identidad: para español presione el 2)
TTY: 1-866-653-4261
TTY: 1-866-290-4236 (Registro Nacional "No llame")
www.ftc.gov/es
www.consumidor.ftc.gov
www.ftccomplaintassistant.gov (presentar una queja)
www.consumidor.gov (protección al consumidor)
www.alertenlinea.gov (consejos para protegerse en Internet)

La Comisión Federal de Comercio ejecuta y vigila el cumplimiento de las leyes que prohíben las prácticas comerciales anticompetitivas, engañosas o desleales para los consumidores. La FTC acepta quejas de los consumidores sobre fraudes cometidos a través de Internet, sistema de telemercadeo, y robo de identidad.

Comisión Federal de Comunicaciones

Federal Communications Commission (FCC)

Centro del Consumidor
Consumer and Governmental Affairs Bureau
445 12th St., SW
Washington, DC 20554
Línea gratuita: 1-888-225-5322 (para español presione el 2)
TTY: 1-888-835-5322 (línea gratuita)
www.fcc.gov/espanol

FCC es una agencia gubernamental independiente que regula las comunicaciones por radio, televisión, teléfono, Internet, satélite y cable.

AGENCIAS FEDERALES

Comisión para la Igualdad de Oportunidades en el Empleo
Equal Employment Opportunity Commission (EEOC)

Office of Communication and Legislative Affairs
131 M St., NE
Washington, DC 20507
202-663-4900
Línea gratuita: 1-800-669-4000 (para español presione el 2)
TTY: 202-663-4494
www.eeoc.gov/spanish
La Comisión hace cumplir las leyes que hacen ilegal la discriminación en el lugar de trabajo.

Corporación Federal de Seguro de Depósitos
Federal Deposit Insurance Corporation (FDIC)

División de Supervisión y Protección del Consumidor
Division of Supervision and Consumer Protection

1100 Walnut St., Box 11
Kansas City, MO 64106
Línea gratuita: 1-877-275-3342 (para español presione el 2 y luego otro 2 lunes a viernes 8 am.-8 pm, hora del Este)
TTY: 1-800-925-4618 (línea gratuita)
www.fdic.gov/quicklinks/spanish.html
FDIC protege los fondos que los depositantes ingresan en los bancos y asociaciones de ahorro.

Corporación para Garantizar los Beneficios de las Pensiones
Pension Benefit Guaranty Corporation (PBGC)

Centro de Contacto para Consumidores
Customer Contact Center
PO Box 151750
Alexandria, VA 22315-1750
Línea gratuita: 1-800-400-7242 (para español presione el 2, lunes a viernes 8 am - 7 pm, hora del Este)
TTY: 1-800-877-8339
www.pbgc.gov/about/espanol.html
Esta agencia protege las pensiones de jubilación de los trabajadores estadounidenses con planes de jubilación tradicionales del sector privado.

Departamento de Agricultura
Department of Agriculture (USDA)

1400 Independence Ave., SW
Washington, DC 20250
202-720-2791 (línea de información)
www.usda.gov/EnEspanol
El Departamento es responsable de los programas y los servicios relacionados al desarrollo rural, animales, alimentos, nutrición, recursos naturales, medio ambiente.

Centro de Políticas y Promoción de la Nutrición
Center for Nutrition Policy and Promotion (CNPP)

Food, Nutrition and Consumer Services
3101 Park Center Dr., 10th Floor
Alexandria, VA 22302-1594
703-305-7600
cnpp.usda.gov (en inglés)
www.nutrition.gov/en-espanol
www.choosemyplate.gov/en-espanol.html (MiPlato)
Este centro desarrolla y promueve las pautas dietéticas para mejorar la salud de los consumidores.

Instituto Nacional de Alimentos y Agricultura
National Institute of Food and Agriculture (NIFA)

1400 Independence Ave., SW, Mail Stop 2201
Washington, DC 20250-2215
202-720-4423
www.nifa.usda.gov (en inglés)
Esta agencia se encarga de fomentar el conocimiento de agricultura, el medio ambiente y la salud y bienestar de los seres humanos.

Línea de Información Sobre Carnes y Aves
Meat and Poultry Hotline

Food Safety and Inspection Service
Línea gratuita: 1-888-674-6854 (para español presione el 2, 10 am - 4 pm)
✉: mphotline.fsis@usda.gov
www.fsis.usda.gov/En_Espanol/index.asp
Esta línea responde preguntas sobre el almacenamiento, manipulación y elaboración de productos de aves, carnes y huevos.

Servicio de Alimentos y Nutrición
Food and Nutrition Service (FNS)

3101 Park Center Drive
Alexandria, VA 22302
703-305-2281
www.fns.usda.gov (en inglés)
FNS provee a los niños y personas de bajos ingresos acceso a los alimentos, una dieta saludable, educación y nutrición.

Departamento de Asuntos de los Veteranos
Department of Veteran Affairs (VA)

810 Vermont Ave., NW
Washington, DC 20420
Línea gratuita: 1-800-827-1000 (en inglés)
TTY: 1-800-829-4833
✉: public.inquiry@va.gov
www.va.gov (en inglés)
benefits.va.gov/benefits (en inglés)
El Departamento es responsable de proporcionar los beneficios federales a los veteranos y sus dependientes.

Departamento de Educación
Department of Education

400 Maryland Ave., SW
Washington, DC 20202
Línea gratuita: 1-800-872-5327 (para español presione el 1)
TTY: 1-800-437-0833 (línea gratuita)
✉: usa.learn@ed.gov
✉: oig.hotline@ed.gov (Oficina del Inspector General)
✉: ocr@ed.gov (Oficina de Derechos Civiles)
www.ed.gov/espanol/bienvenidos/es/index.html

AGENCIAS FEDERALES

El departamento garantiza la igualdad de acceso a la educación, promover la excelencia en la educación en todo el país y mejorar el sistema educativo. La agencia provee información sobre sus programas.

Oficina de Ayuda Federal para Estudiantes
Federal Student Aid Information Center (FSAIC)

PO Box 84
Washington, DC 20044-0084
319-337-5665
Línea gratuita: 1-800-433-3243 (para español presione el 2)
TTY: 1-800-730-8913 (línea gratuita)
✉: FederalStudentAidCustomerService@ed.gov
www.studentaid.ed.gov/es
www.fafsa.ed.gov/es_ES
Esta oficina ayuda a que las personas que quieren obtener una educación superior puedan aprovechar los programas federales de asistencia económica.

Departamento de Estado

Department of State

Linea gratuita: 1-877-487-2778 (Centro Nacional de Información sobre Pasaportes para español presione el 2, lunes a viernes 8 am - 10 pm, hora del Este)
Linea gratuita: 1-888-407-4747 (Oficina de Servicios para Ciudadanos en el Exterior, lunes a viernes, 8 am - 8 pm, hora del Este)
202-485-7600 (Oficina de Servicios de Visas, lunes a viernes, 8:30 am - 5:00, hora del Este)
✉: NVCInquiry@state.gov (servios de visas)
www.travel.state.gov (en inglés)

Departamento de Justicia

Department of Justice

Ley para Estadounidenses con Discapacidades
Americans with Disabilities Act (ADA)

Civil Rights Division
Disability Rights Section - NYA
950 Pennsylvania Ave., NW
Washington, DC 20530
Línea gratuita: 1-800-514-0301 (presione el 1)
TTY: 1-800-514-0383
www.justice.gov/crt/about/drs/drshome_spanish.php
El principal objetivo de la oficina es lograr la igualdad de oportunidades para personas con discapacidades.

Departamento de Salud y Servicios Humanos

Department of Health and Human Services (HHS)

Administración de Alimentos y Medicamentos
Food and Drug Administration (FDA)

10903 New Hampshire Ave.
Silver Spring, MD 20993-0002
Línea gratuita: 1-888-463-6332 (pida un traductor)
Línea gratuita: 1-888-723-3366 (Centro para la Seguridad Alimentaria y la Nutrición Aplicada, pida un traductor, lunes a viernes 10 am - 4 pm, hora del Este)
✉: espanol@fda.hhs.gov
www.fda.gov/oc/spanish
www.espanol.foodsafety.gov (Centro para la Seguridad Alimentaria y la Nutrición Aplicada)
La Administración de Alimentos y Medicamentos asegura que los alimentos, medicamentos, cosméticos, instrumentos médicos y productos para los consumidores sean seguros para el público.

Administración de Salud Mental y Abuso de Sustancias
Substance Abuse and Mental Health Services Administration (SAMHSA)

1 Choke Cherry Rd.
Rockville, MD 20857
Línea gratuita: 1-800-662-4357 (en español)
Linea gratuita: 1-888-628-9454 (Prevención del suicidio)
www.samhsa.gov/espanol
Esta una agencia que se dedica a crear y facilitar el tratamiento y la rehabilitación de personas que sufren o se encuentran en riesgo de sufrir problemas de salud mental o relacionados al abuso de sustancias.

Administración para Vivir en Comunidad
Administration for Community Living (ACL)

1 Massachusetts Ave., NW
Washington, DC 20001
202-619-0724 (para preguntas generales)
Línea gratuita: 1-800-677-1116 (Localizador de cuidados de personas mayores, para español presione el 2, lunes a viernes 9 am- 8 pm, hora del Este)
www.acl.gov (en inglés)
✉: aclinfo@acl.hhs.gov
✉: eldercarelocator@n4a.org (Localizador de cuidados de personas mayores)
La misión es desarrollar un sistema de cuidado a largo plazo, integral, coordinado y rentable para promover un envejecimiento digno, activo e independiente.

Centro Nacional de Información de Salud
National Health Information Center (NHIC)

200 Independence Avenue, S.W. Washington, DC 20201
Línea gratuita: 1-800-336-4797 (para español presione el 8)
✉: healthfinder@nhic.org
www.health.gov/nhic (en inglés)
www.healthfinder.gov/espanol

Centros de Servicios de Medicare y Medicaid
Centers for Medicare and Medicaid Services (CMS)

Office of External Affairs
7500 Security Blvd.
Baltimore, MD 21244-1850
Línea gratuita: 1-800-633-4227 (para español presione el 2)
Linea gratuita: 1-800-318-2596 (Mercado de Seguros Médicos)
TTY: 1-866-226-1819 (línea gratuita)
TTY: 1-855-889-4325 (Mercado de Seguros Médicos)
es.medicare.gov
www.cuidadodesalud.gov (Mercado de Seguros Médicos)
Los Centros de Servicios de Medicare y Medicaid proporcionan información sobre elegibilidad e inscripción en

AGENCIAS FEDERALES

Medicare y Medicaid, los diferentes planes que ofrecen y el procedimiento para presentar una reclamación.

Centros para el Control y la Prevención de Enfermedades
Centers for Disease Control and Prevention (CDC)

1600 Clifton Rd.
Atlanta, GA 30333
Línea gratuita: 1-888-232-4636 (para español presione el 2)
TTY: 1-888-232-6348
✉: cdcinfo@cdc.gov
www.cdc.gov/spanish
www.cdc.gov/std/Spanish (Prevención de Enfermedades de Transmisión Sexual (ETS)
www.cdc.gov/hiv/spanish (Prevención de VIH/SIDA)
Los Centros para el Control y la Prevención de Enfermedades monitorean la salud pública, desarrollan estrategias para la prevención y control de las enfermedades, y aseguran un ambiente seguro y sano.

División de Derechos Civiles
Office of Civil Rights

200 Independence Ave., SW
Room 509F, HHH Building
Washington, DC 20201
Línea gratuita: 1-800-368-1019 (para español presione el 2)
www.hhs.gov/ocr/civilrights/complaints/crinfospanish.html (para presentar una queja)
www.hhs.gov/ocr/privacy/hipaa/understanding/consumers/factsheets_spanish.html (privacidad médica)
La Oficina de Derechos Civiles le puede ayudar a presentar una queja con el fin de proteger sus derechos civiles ante la discriminación y asuntos de salud.

Línea de Fraude de HHS
HHS-TIPS Fraud Hotline

PO Box 23489
Washington, DC 20026
Línea gratuita: 1-800-447-8477 (para español presione el 2)
TTY: 1-800-377-4950
www.oig.hhs.gov (en inglés)
La oficina del inspector general protege la integridad de los programas de HHS y la salud de las personas que se benefician de esos programas.

Administración de Asuntos de Niños y Familias
Administration for Children and Families

370 L'Enfant Promenade, SW
Washington, DC 20447
Línea gratuita: 1-800-447202-401-2337 (en inglés)
202-401-9373
www.acf.hhs.gov/informacion-sobre-los-programas-de-acf
Esta agencia es responsable de los programas federales que promueven el bienestar económico y social de las familias, los niños y las comunidades. También ofrece programas para la adopción, prevención del abuso y el trato infantil negligente, el cuidado de los niños, entre otros.

Centro de Información sobre el Bienestar de Menores
Child Welfare Information Gateway

Administration for Children and Families
1250 Maryland Ave., SW, 8th Floor
Washington, DC 20024
703-385-7565
Línea gratuita: 1-800-394-3366 (para español presione el 3, 9:30 am – 5:30 pm hora del Este)
✉: info@childwelfare.gov
www.childwelfare.gov (en inglés)

Línea Nacional de Niños Fugitivos
National Runaway Safeline (NRS)

Administration for Children and Families (ACF)
3080 N. Lincoln Ave.
Chicago, IL 60657
Línea gratuita: 1-800-786-2929
✉: info@1800runaway.org
www.1800runaway.org (en inglés)

Institutos Nacionales de la Salud
National Institutes of Health (NIH)

9000 Rockville Pike
Bethesda, MD 20892
301-496-4000
TTY: 301-402-9612
✉: NIHinfo@od.nih.gov
www.salud.nih.gov
Los Institutos Nacionales de la Salud son centros de investigación médica que ayudan a prevenir, detectar, diagnosticar y tratar enfermedades.

InfoSIDA
AIDSInfo

National Institutes of Health
PO Box 4780
Rockville, MD 20849-6303
Línea gratuita: 1-800-448-0440 (para español presione el 2, 12 pm - 5 pm, hora del Este)
TTY: 1-888-480-3739 (línea gratuita)
✉: ContactUs@aidsinfo.nih.gov
www.infosida.nih.gov
infoSIDA ofrece la información más reciente que ha sido aprobada por el Gobierno federal en materia de investigación, tratamiento y prevención clínica.

Instituto Nacional de Salud Mental
National Institute of Mental Health (NIMH)

Public Information and Communications Branch
6001 Executive Blvd.
Room 6200, MSC 9663
Bethesda, MD 20892-9663
301-443-4513
Línea gratuita: 1-866-615-6464 (para español presione el 2)
TTY: 1-866-415-8051 (línea gratuita)
✉: nimhinfo@nih.gov
www.nimh.nih.gov (en inglés)
El Instituto dirige la investigación sobre los síntomas, diagnósticos y tratamientos de trastornos mentales tales como la ansiedad, la depresión, y los desórdenes.

AGENCIAS FEDERALES

Instituto Nacional del Cáncer
National Cancer Institute (NCI)

NCI Public Inquiries Office
BG 9609 MSC 9760
9609 Medical Center Dr.
Bethesda, MD 20892-8322
Línea gratuita: 1-800-422-6237 (para español presione el 2, lunes a viernes 8 am- 8 pm hora del Este)
✉: nciespanol@mail.nih.gov
www.cancer.gov/espanol
Esta oficina investiga y proporciona información de salud relacionada al cáncer para pacientes y sus familias.

Departamento de Seguridad Nacional

Department of Homeland Security (DHS)

202-282-8495 (Línea de teléfono para comentar)
www.dhs.gov/en-espanol
El Departamento previene el terrorismo, haciéndose cargo de nuestras fronteras territoriales, administrando las leyes de inmigración, protegiendo el ciberespacio y asegurando la capacidad del país para sobreponerse ante un desastre.

Administración de Seguridad en el Transporte
Transportation Security Administration (TSA)

601 S. 12th St., TSA-9
Arlington, VA 20598-6009
Línea gratuita: 1-866-289-9673 (para español presione el 1, lunes a viernes 8 am - 11 pm, hora del Este)
✉: TSA-ContactCenter@dhs.gov
www.tsa.gov/es/español
La Administración es responsable de proteger los sistemas de transporte de la nación. La TSA también desarrolla programas de seguridad y reglamentos para todos los medios de transporte y provee seguridad a los aeropuertos.

Servicio de Ciudadanía e Inmigración de EE. UU.
U.S. Citizenship and Immigration Services (USCIS)

Information and Customer Service Division
111 Massachusetts Ave., NW, Mail Stop 2260
Washington DC 20529-2260
Línea gratuita: 1-800-375-5283 (para español presione el 2)
TTY: 1-800-767-1833 (línea gratuita)
www.uscis.gov/es
USCIS es responsable de procesar las solicitudes de inmigración y naturalización, además de establecer las políticas sobre los servicios de inmigración.

Agencia Federal para el Manejo de Emergencias

Federal Emergency Management Agency (FEMA)

500 C St., SW
Washington, DC 20472
Línea gratuita: 1-800-621-3362 (para español presione el 2)
TTY: 1-800-462-7585
www.fema.gov/es
www.listo.gov (ayuda en caso de desastres naturales y otras emergencias)
FEMA apoya a los ciudadanos y al personal de emergencia en la construcción, mantenimiento y mejoramiento de la capacidad de la nación para prepararse para todos los riesgos.

Centro de Asistencia Individual
Individual Assistance Center

PO Box 10055
Hyattsville, MD 20782-8055
Línea gratuita: 1-800-621-3362 ((lunes a viernes 7 am - 10 pm hora del Este, para español presione el 2)
TTY: 1-800-462-7585
✉: askFEMA@mailps.custhelp.com
www.disasterassistance.gov/es

Programa Nacional de Seguros Contra Inundaciones
National Flood Insurance Program (NFIP)

500 C St., SW
Washington, DC 20472
Línea gratuita: 1-888-379-9531 (pida un traductor)
TTY: 1-800-427-5593 (línea gratuita)
www.fema.gov/es/inundaciones
NFIP ofrece seguro contra inundación a propietarios, arrendatarios y dueños de negocios en comunidades que participan del NFIP.

Departamento de Transporte

Department of Transportation (DOT)

Administración Federal de Seguridad de Autotransportes
Federal Motor Carrier Safety Administration (FMCSA)

1200 New Jersey Ave., SE, Suite W60-300
Washington, DC 20590
Línea gratuita: 1-800-832-5660 (para español presione el 2)
TTY: 1-800-877-8339 (línea gratuita)
www.fmcsa.dot.gov (en inglés)
La Administración Federal de Seguridad de Autotransportes se dedica a reducir los accidentes, lesiones y muertes que involucran a camiones grandes y autobuses. También regula a las compañías de mudanza interestatales.

Administración Nacional de Seguridad del Tráfico en las Carreteras
National Highway Traffic Safety Administration (NHTSA)

1200 New Jersey Ave., SE, West Building
Washington, DC 20590
Línea gratuita: 1-888-327-4236 (para español presione el 2)
www.nhtsa.dot.gov (en inglés)
La línea telefónica directa de NHTSA tiene información sobre retiros del mercado por seguridad, puntajes de prueba de accidente, asientos de seguridad para niños, bicicletas, bolsas de aire y prevención de conductores ebrios.

División de Protección al Consumidor en la Aviación
Aviation Consumer Protection Division

Office of Aviation Enforcement & Proceedings
1200 New Jersey Ave., SE
Washington, DC 20590
202-366-2220
TTY: 1-800-455-9880
airconsumer.dot.gov/spanish
La División de Protección al Consumidor en la Aviación recibe quejas del público sobre temas que afectan a los pasajeros de vuelos aéreos.

AGENCIAS FEDERALES

Departamento de Vivienda y Desarrollo Urbano

Department of Housing and Urban Development (HUD)

451 Seventh St., SW
Washington, DC 20410
202-708-1112
Línea gratuita: 1-800-225-5342 (para español presione el 5)
Línea gratuita: 1-800-569-4287 (agencias de asesoría de vivienda localizador, para español presione 8)
✉: info@fhaoutreach.com
TTY: 202-708-1455
TTY: 1-877-833-2483
www.espanol.hud.gov

Oficina de Equidad de Vivienda e Igualdad de Oportunidades
Office of Fair Housing and Equal Opportunity (FHEO)

451 7th St., SW, Room 5204
Washington, DC 20410-2000
Línea gratuita: 1-800-669-9777 (línea de quejas, para español presione el 2)
TTY: 1-800-927-9275 (línea gratuita)
www.espanol.hud.gov
FHEO asegura que todos los estadounidenses tengan igual acceso a una vivienda de su elección.

Departamento del Tesoro

Department of the Treasury

Oficina del Contralor de la Moneda
Comptroller of the Currency (OCC)
Customer Assistance Group
1301 McKinney St., Suite 3450
Houston, TX 77010
Línea gratuita: 1-800-613-6743 (para español presione el 2)
TTY: 713-658-0340
www.helpwithmybank.gov/espanol/index-espanol.html
Esta oficina está preparado para ayudar a los clientes de los bancos nacionales con preguntas o quejas que tengan sobre su institución financiera.

Servicio de Impuestos Internos
Internal Revenue Service (IRS)

Línea gratuita: 1-800-829-1040 (Para individuos: para español presione el 2)
Línea gratuita: 1-800-829-4933 (Para negocios: para español presione el 2)
TTY: 1-800-829-4059 (línea gratuita)
www.irs.gov/Spanish
El IRS es responsable de recaudar impuestos para el Gobierno federal y hacer cumplir las leyes tributarias.

Departamento del Trabajo

Department of Labor (DOL)

200 Constitution Ave., NW
Washington, DC 20210
Línea gratuita: 1-866-487-2365 (para español presione el 2)
TTY: 1-877-889-5627 (línea gratuita)
www.dol.gov (en inglés)

Administración de Seguridad y Salud Ocupacional
Occupational Safety and Health Administration (OSHA)
Department of Labor
200 Constitution Ave., NW
Washington, DC 20210
Línea gratuita: 1-800-321-6742 (para español presione el 2)
TTY: 1-877-889-5627 (línea gratuita)
www.osha.gov/as/opa/spanish
OSHA asegura que existan condiciones seguras y saludables para los trabajadores, estableciendo y exigiendo el cumplimiento de estándares laborales, y proporcionando capacitación, divulgación y ayuda.

Job Corps
200 Constitution Ave., NW Suite N4463
Washington, DC 20210
202-693-3000 (preguntar por alguien que hable español)
Linea gratuita: 1-800-733-5627 (para español presione el 2)
✉: national_office@jobcorps.gov
www.recruiting.jobcorps.gov/es/home.aspx
Job Corps es un programa de educación gratuita y formación profesional que ayuda a los jóvenes (de 16 a 24 años) a mejorar la calidad de sus vidas a través de la formación profesional y académica.

Oficina para la Protección Financiera del Consumidor

Consumer Financial Protection Bureau (CFPB)

PO Box 4503
Iowa City, IA 52244
Linea gratuita: 1-855-411-2372
✉: info@consumerfinance.gov
www.consumerfinance.gov/es
La agencia ayuda directamente a los consumidores, proporcionándoles materiales educativos y aceptando quejas sobre crédito y préstamos.

Servicio Postal de los EE. UU.

U.S. Postal Service (USPS)

Attn: Mail Fraud
433 W. Harrison St., Room 3255
Chicago, IL 60699-3255
Línea gratuita: 1-800-275-8777 (diga "español")
Línea gratuita 1-877-876-2455 (denuncie el fraude)
TTY: 1-800-877-8339
es.usps.com
www.postalinspectors.uspis.gov

Sistema de la Reserva Federal

Federal Reserve System

PO Box 1200
Minneapolis, MN 55480
Línea gratuita: 1-888-851-1920 (para español presione el 1)
TTY: 1-877-766-8533
www.federalreserveconsumerhelp.gov/spanish
La Reserva Federal investiga quejas de los consumidores sobre bancos que son miembros del Sistema de la Reserva Federal.

AGENCIAS ESTATALES

OFICINAS DE PROTECCIÓN AL CONSUMIDOR

Las oficinas de protección al consumidor de su estado, condado o municipio ofrecen una variedad de servicios importantes. Pueden mediar en quejas, realizar investigaciones, procesar a quienes infringen las leyes de protección al consumidor, otorgar licencias y regular a profesionales, proporcionar materiales educativos y defender los intereses del consumidor.

La familiaridad con los negocios y ordenanzas locales es una de las ventajas que ofrecen las oficinas de protección al consumidor de los gobiernos de los condados y/o municipios.

Las oficinas estatales están familiarizadas con las leyes estatales y los problemas que son comunes en el estado. Las direcciones y los números telefónicos aparecen en las páginas gubernamentales de su guía telefónica. Para ahorrar tiempo, llame antes de enviar una queja por escrito para confirmar si esa oficina se ocupa del tipo de queja que usted tiene. Muchas oficinas distribuyen materiales específicos para el consumidor con información de leyes estatales y asuntos locales. Siempre pregunte si existe información disponible sobre su problema.

AUTORIDADES BANCARIAS ESTATALES

Cada estado tiene una oficina que regula y supervisa los bancos autorizados en ese estado. Algunas de estas oficinas también se ocupan de problemas y quejas sobre otros tipos de instituciones financieras o los refieren a otros organismos. Algunas contestan también preguntas generales sobre operaciones bancarias y créditos al consumidor. Las direcciones y los números telefónicos aparecen en las páginas gubernamentales de su guía telefónica. Si usted trata con un banco autorizado por un estado, lea "Banco Personal" en la pág. 12.

REGULADORES ESTATALES DE SEGUROS

Cada estado tiene una oficina que se encarga de hacer cumplir las leyes y reglamentos para cada tipo de seguro. Muchas de estas oficinas pueden también proporcionarle información para que usted pueda tomar buenas decisiones al adquirir un seguro. Lea la sección "Seguros" (pág. 39) para más información.

Si usted tiene alguna pregunta o queja sobre su póliza de seguro, contacte a la compañía de seguro antes de llamar a la oficina de regulación estatal. Las direcciones y los números telefónicos aparecen en las páginas gubernamentales de su guía telefónica.

ADMINISTRADORES DE VALORES ESTATALES

Cada estado tiene sus propias leyes y reglamentos para corredores de bolsa y valores, incluyendo acciones, fondos de inversión colectiva, mercancías, bienes raíces, etc. En cada estado hay una oficina que se dedica a hacer cumplir esas leyes y reglamentos. Muchas de estas oficinas también pueden brindarle información para ayudarlo a tomar decisiones sobre inversiones. Las oficinas de los administradores de valores estatales también proporcionan licencias a profesionales en el mercado de valores, registran los productos de valores e investigan quejas del consumidor. Estas oficinas estatales no proporcionan asesoría en inversión, pero muchas de ellas ofrecen recursos educativos para que los inversionistas pueden tomar decisiones informadas de inversión.

Si usted tiene una pregunta o queja sobre una inversión, llame a la compañía involucrada. Si usted no está satisfecho con la respuesta que recibe, llame a la agencia que regula la bolsa y valores. Las direcciones y los números telefónicos aparecen en las páginas gubernamentales de su guía telefónica. Lea la sección "Inversiones" (pág. 28) para más consejos sobre este tema.

COMISIONES DE SERVICIOS PÚBLICOS

Las comisiones estatales de servicios públicos regulan los servicios y tarifas de gas, electricidad y teléfonos en su estado. En algunos estados, estas comisiones regulan otros servicios, tales como agua, transporte y mudanzas. Las tarifas para los servicios públicos que provienen de otro estado son reguladas por el Gobierno federal.

Muchas comisiones de servicios públicos atienden quejas de los consumidores y si reciben varias quejas sobre el mismo asunto llevan a cabo investigaciones. Las direcciones y los números telefónicos aparecen en las páginas gubernamentales de su guía telefónica.

OFICINAS DE BUENAS PRÁCTICAS COMERCIALES

El sistema de oficinas de Buenas Prácticas Comerciales es una red de organizaciones sin fines de lucro que promueve el mercadeo y prácticas honestas de ventas. Financiadas básicamente por empresas comerciales locales, estas oficinas ofrecen una serie de servicios que incluyen: materiales educativos para el consumidor, informes de confiabilidad de empresas (especialmente sobre quejas sin resolver u otros problemas), servicios de mediación y arbitraje, así como información sobre organizaciones caritativas y otras que solicitan donaciones públicas. También califican (A, B, C, D o F) a las compañías locales para expresar su respaldo en que la compañía calificada opera honestamente y demuestra buena voluntad para resolver las preocupaciones de los clientes.

Las quejas deben presentarse por escrito para que quede documentada la disputa con precisión. La Oficina de Buenas Prácticas Comerciales discutirá la queja con la compañía en cuestión. Si la queja no consigue resolverse, la oficina puede ofrecer un proceso alternativo de resolución de disputa. Estas oficinas no juzgan ni clasifican productos o marcas individuales, ni tampoco se ocupan de disputas salariales entre empleador/empleado ni dan asesoría legal.

Si usted necesita ayuda con una pregunta o queja como consumidor, llame a su Oficina de Buenas Prácticas

AGENCIAS ESTATALES

Comerciales local o visite su sitio web en www.bbb.org/us/consejos-en-espanol.

BBBOnLine (www.bbb.org/online) proporciona a los consumidores una forma fácil de verificar la legitimidad de las empresas por Internet. Las compañías que llevan el sello de BBBOnLine han sido examinadas por la Oficina de Buenas Prácticas Comerciales y se han comprometido a trabajar juntas para resolver los problemas que presenten los consumidores.

La organización central del Consejo de las Oficinas de Buenas Prácticas Comerciales puede ayudarlo con quejas sobre la veracidad y la exactitud de anuncios publicitarios nacionales, incluyendo publicidad infantil. También proporciona informes sobre organizaciones benéficas que solicitan contribuciones en todo el país y ayuda a resolver disputas con fabricantes de autos a través del programa "AUTO LINE" de la Oficina de Buenas Prácticas Comerciales.

FABRICANTES DE AUTOS

Si usted tiene algún problema con un concesionario local, trate primero de resolverlo con el concesionario. Si no se resuelve el problema, comuníquese con la oficina regional o nacional del fabricante. Pida que lo comuniquen con la oficina de servicio al cliente.

Si tampoco puede resolver el problema así, comuníquese con los programas de resolución de disputas que aparecen a continuación. Estos programas son considerados como resoluciones alternativas de disputas. Generalmente hay tres métodos diferentes: arbitraje, conciliación o mediación. conciliation. Las decisiones de árbitros son por lo general obligatorias y deben ser aceptadas tanto por el cliente como por el concesionario o negocio. Pida una copia de las reglamentaciones del programa antes de presentar su caso.

Si sospecha que su auto tiene problemas que podrían estar bajo las leyes de protección al consumidor de su estado, llame a la oficina de protección al consumidor de su estado (pág. 79) y averigüe cuáles son sus derechos. Si usted tiene un vehículo nuevo pregunte si usted está protegido por una ley limón del estado. Las entidades que aparecen a continuación ayudan a resolver quejas relacionadas con los autos.

Línea Directa de Autos BBB
BBB Auto Line

Línea gratuita: 1-800-955-5100
TTY: 703-276-1862
✉: info@cbbb.bbb.org
www.bbb.org/us/auto-line-lemon-laws/espanol

Oficina para la Protección Financiera del Consumidor
Consumer Financial Protection Bureau (CFPB)

Línea gratuita: 1-855-729-2372
TTY: 1-855-729-2372
✉: info@consumerfinance.gov
www.consumerfinance.gov/es

Línea Directa de Seguridad Vehicular
DOT Auto Safety Hotline

Línea gratuita: 1-888-327-4236 (para español presione el 2)
TTY: 1-800-424-9153 (línea gratuita)
www-odi.nhtsa.dot.gov/contact.cfm (en inglés)

CONTACTOS CORPORATIVOS

Si usted tiene alguna queja sobre un servicio o producto, en algunos casos es mejor regresar al lugar donde compró el producto u obtuvo el servicio. En otros casos se recomienda escribir o llamar al departamento de asuntos del consumidor de la compañía. Aunque usted decida ponerse en contacto directamente con el vendedor, deje que el departamento de asuntos del consumidor de la compañía respectiva sepa sobre su queja. Las empresas crean estos departamentos porque quieren escuchar su opinión. Muchas compañías también incluyen líneas gratuitas de teléfono.
Las bibliotecas públicas también tienen información útil al respecto. Consulte estas publicaciones para conseguir información sobre la mayoría de las empresas:

- *The Standard & Poor's Register of Corporations*
- *Trade Names Directory*
- *Standard Directory of Advertisers*
- *Dun & Bradstreet Directory*

Para averiguar el nombre y dirección del fabricante, revise la etiqueta del producto o la garantía y otros documentos que recibió al momento de la compra.
ThomasNet, una base de datos en Internet sobre fabricantes, también puede ayudarlo. Si usted tiene una queja sobre un artículo o servicio, por lo general es mejor contactar al vendedor. Haga seguimiento de su caso con una carta por escrito, llamada telefónica o e-mail dirigida al departamento de servicio al cliente de la compañía fabricante para comunicar su queja y averiguar si el vendedor pudo resolver su problema. Usted también puede expresar su queja en la página del vendedor, si está disponible en los medios sociales, para obtener su atención rápida a su problema.

ASOCIACIONES GREMIALES

Las compañías que fabrican productos similares o prestan servicios similares suelen pertenecer a una asociación gremial. Estas asociaciones ayudan a resolver problemas entre sus empresas miembros y los consumidores. Casi todas proporcionan también información a través de publicaciones y sitios web.

Si usted tiene un problema con una compañía y no puede resolverlo tratando directamente con esa firma, pregunte si la compañía es miembro de una asociación gremial. Su biblioteca local tiene material de referencia para ayudarlo a encontrar el contacto adecuado.

ÍNDICE

A
AARP, 68
Abogado, 65-66
   asesoria legal gratuita, 65
   bancarrota, 19
   consulta inicial, 65
   escoger, 65
   inmigración, 26
   notarios, 65
   presentar una queja, 65
   testamentos, 52
   tribunal de demandas menores, 64
Acción del Consumidor, 68
Acciones, 30
Administración de Alimentos y Medicamentos
   alimento saludable, 6
   información de contacto, 75
   medicamentos con receta médica, 37
   riesgos de seguridad, 66
Administración de Seguridad y Salud Ocupacional, 78
Administración de Seguridad en el Transporte, 58, 77
Administración del Seguro Social, 72
Administración General de Servicios, 69, 72
Administración Federal de Aviación, 57
Administración Federal de Seguridad de Autotransportes, 77
   compañía de mudanza, 61
Administración Federal de Vivienda, 59
Administración Nacional de Cooperativas de Crédito, 14, 72
Administración Nacional de Seguridad del Tráfico en las Carreteras, 8-11, 77
Administración para Vivir en Comunidad, 75
Administración de Asuntos de Niños y Familias, 76
Aerolíneas, 55
Agencia de cobro, 18, 19, 22
Agencia de Protección Ambiental, 32, 66, 72
Agencia Federal para el Desarrollo de la Pequeña Empresa, 73
Agencia Federal para el Manejo de Emergencias, 77
Agencias de empleo, 24
Agencias de informe de crédito, 17
Agencias estatales, 79
Agencias federales, 72
Agua, 23
   Watersense, 32
Albacea, 52
   medios sociales, 53
Alimentos,
   comprar, 6
   orgánicos, 7
   Programa de Cupones para Alimentos, 6
   productos retirados, 3
   saludable, 6
   seguridad, 6, 66
Alquiler
   de autos, 9
   depósito de seguridad, 62
   historial de alquiler, 62
   seguros, 42
A.M. Best, 39

aplicaciones móviles, 6
Arbitraje, 64
   fabricantes de autos, 80
   Oficina de Buenas Prácticas Comerciales, 64
Arrendamiento
   de autos, 9
   de vivienda, 62
Asistencia Familiar Naval, 70
Asistencia financiera, para estudiantes, 20
Asociación Médica Estadounidense, 36
Asociación Nacional de Abogados de Ayuda Legal, 65
Asociación Nacional de Ayuda Legal y Defensa, 65
Asociación Nacional de Comisionados de Seguros, 39
Asociación Nacional de Concesionarios de Autos, 8
Audición, retransmisión para consumidores con dificultades de, 69
Autenticación de dos factores, 35
Autoridad Regulatoria de la Industria Financiera, 28
Autos,
   alquiler, 9
   arrendamiento, 9
   baterías de, 32
   comprar a concesionarios, 8
   comprar a particulares, 8
   comprar un auto nuevo, 7
   comprar un auto usado, 8
   defectos de fábrica, 10
   embargo, 11
   fabricantes de, 80
   financiamiento, 9
   garantías del fabricante, 8
   garantías secretas, 10
   "limón", 11
   reparaciones, 11
   resolución de disputas, 80
   retiro del mercado, 10
   seguridad, 66
   seguro de, 39
Ayuda financiera
   para estudiantes, 20-22
   para familias de militares, 70
Ayuda legal, 65

B
Bancarrota, 19
   abogado, 19
   informes de credito, 17
   proceso, 19
Bancos. Ver también crédito; dinero; préstamos; tarjetas de crédito
   agencias regulatorias, 14
   autoridades bancarias estatales, 80
   cuentas corrientes, 12
   cuentas de ahorro, 12
   phishing, 13
   privacidad financiera, 34
   tarjetas de débito, 13
   tarjetas prepagadas, 14
BBBOnLine, 45, 80
Becas, 21
Beneficiarios, 42, 52-53
Bibliotecas, 68

contactos corporativos, 63
   para ciegos, 69
   personas con discapacidades, 69
Bonos, 30

C
Cable TV, 49
CareerOneStop, 25
Cargos grises, 4
Carrera, 21
Carro. Ver autos
Carta de queja, 67
CDC. Ver Centros para el Control y la Prevención de Enfermedades
Cementerios para veteranos, 54
Centro de Apoyo, Bienestar y Recreación para la Familia del Ejército, 70
Centro de Información sobre el Bienestar de Menores, 76
Centro de Políticas y Promoción de la Nutrición, 74
Centro Federal de Información para el Público, 72
Centro Nacional de Información de Salud, 75
Centro para el Estudio de Servicios, 68
Centro para la Seguridad Vehicular, 11
Centros de Servicios de Medicare y Medicaid, 75
Centros familiares, 69
Centros para el Control y la Prevención de Enfermedades, 76
   Seguridad al viajar, 58
   Seguridad de los alimentos, 6
Cheques, 12
   de conveniencia, 13
   no solicitadas, 13
   rebotados, 13
Cuentas corrientes, 12
COBRA. Ver Ley de Reconciliación del Presupuesto General Consolidado
Cobro de deudas, 18
   agencia de, 18
   Ley de Prácticas Justas en el Cobro de Deudas, 18
Coche. Ver autos
Combustible, 8, 9, 10, 32. Ver gasolina
Comida. Ver alimentos
Comisariatos militares, 70
Comisión de Bolsa y Valores, 73
   quejas, 28, 29
Comisión de Derechos Civiles, 73
Comisión de Negociación de Futuros de Productos Básicos, 73
Comisión de Seguridad de Productos del Consumidor, 73
   riesgos de seguridad, 66
Comisión Federal de Comercio, 73
   agencias de empleo, 24
   comparación entre concesionarios y particulares, 8
   denuncie el fraude, 66
   derechos al comprar desde el hogar, 4
   Ley de Protección de la Privacidad Infantil en Internet, 44
   llamadas de ventas, 51

ÍNDICE

período de reflexión de 3 días, 4
regla de funerales, 54
robo de identidad, 33
robo de identidad médica, 37
seguridad en Internet, 46
spam, 46
subastas y ventas en Internet, 5
Comisión Federal de Comunicaciones, 73
mensajes de texto spam, 50
pierde o le roban el celular, 48
teléfonos, 47
Comisión para la Igualdad de Oportunidades en el Empleo, 74
discriminación en el trabajo, 25
Comité Nacional de Aseguramiento de Calidad, 41
Compañía telefónica. Ver teléfonos
Compañías de reparación de crédito, 18
Comprar desde el hogar, 3
anular el pedido, 3
derechos del consumidor, 3
donaciones, 2
periodo de reflexión de 3 días, 4
subastas y ventas en Internet, 5
Compras por Internet,
ícono de candado, 11
período de reflexión de 3 días, 4
subastas y ventas, 5
Computadora. Ver también E-mail; Internet
derechos de autor, 45
privacidad, 35
programas antiespías, 35, 46
red inalámbrica, 44
seguridad en Internet para niños, 44
televisión por Internet, 50
programas maliciosos, 49
virus, 46
Conciliación, 64, 80
Consejeros financieros, 29
Consejo Nacional para la Discapacidad, 69
Consultores de inmigración fraudulentos, 26
Consumer Reports, 68
Contratos
arbitración obligatoria, 64
compañías de mudanza, 61
cruceros, 58
de arrendamiento, 62
de servicio, 2
después de comprar, 5
funerales, 54
mejoras y reparaciones, 61
Cooperativas de crédito, 12
agencia regulatoria, 14
comprar un auto, 7
de asesoramiento de crédito, 19
préstamos, 20
Corporación de Servicios Legales, 65
Corporación Federal de Seguro de Depósitos, 74
agencia regulatoria, 14
cuentas corrientes y de ahorro, 12
privacidad financiera, 74
resolución de problemas con su banco, 14
tarjetas prepagadas, 14
Correo basura, 50

Optar fuera, 51
Correo electrónico. Ver e-mail
Cramming, 47
Crédito. Ver también bancos; dinero; informes de crédito;
agencias de informe, 17
autoridades bancarias estatales, 80
cobro de deudas, 18
derechos, 15
hipoteca, 59
historial de, 17, 24
Ley de Divulgación Justa sobre Tarjetas de rédito y de Cargo, 16
Ley de Facturación Justa de Crédito, 17
Ley de Informes de Crédito Justos, 18, 34
Ley de Organizaciones de Reparación de Crédito, 18
línea de crédito, 20, 55
ofertas de, 13
mejor puntaje de, 17
préstamos a plazos, 20
privacidad financiera, 34
seguro de, 8
servicios de asesoramiento de, 19
tarjetas de, 15
Créditos tributarios, 21
Cruceros, 57
Cuentas corrientes, 12
sobregiros, 13
Cuentas de ahorro, 12

D

Declaración Jurada de Robo de Identidad, 34
Departamento de Agricultura, 74
alimentos orgánicos, 7
alimentos saludables, 6
Departamento de Asuntos de los Veteranos, 74
cementerio para veteranos, 54
hipotecas, 59
seguro colectivo, 40
Departamento de Educación, 74
ayuda financiera, 21
El Centro de Información sobre Ayuda Federal para Estudiantes, 21
personas con discapacidades, 69
Departamento de Estado, 75
lotería de visas, 27
seguridad al viajar, 58
Departamento de Justicia, 75
Ley para Estadounidenses con Discapacidades, 75
Programa de Fiduciarios, 19
Departamento de Salud y Servicios Humanos, 75
Administración de Alimentos y Medicamentos, 38, 67, 75
Eldercare, 36, 37
Medicaid, 41, 75
Medicare, 41, 75
privacidad médica, 34
robo de identidad médica, 38
seguridad de los alimentos, 6
Departamento de Seguridad Nacional, 77
Seguridad en Internet, 46
Departamento de Transporte, 77
Administración Nacional de

Seguridad del Tráfico en las Carreteras, 8-11, 77
cargos aéreos, 55
compañías de mudanza, 61
seguridad al viajar, 58
Departamento de Vivienda y Desarrollo Urbano, 78
agencias de asesoría de vivienda, 58, 61
discriminación, 58
ejecución hipotecaria, 58
personas con discapacidades, 69
Departamento del Tesoro, 78
resolución de problemas con su banco, 14
Departamento del Trabajo, 78
CareerOneStop, 25
Derechos
a anular su orden, 3, 4
al comprar desde el hogar, 3
al comprar un auto usado, 8
al descargar de las canciones, 45
al solicitar un crédito, 15
al aquiler un auto, 9
arrendamiento con derecho a compra, 10
cementerios para veteranos, 54
crédito, 15
crucero, 57
de garantía, 5
disputar cargos, 17
embargo de vehículos, 11
funerales, 53
informe de crédito, 17
Informes especializados, 34
optar fuera, 51
período de reflexión de 3 días, 4
privacidad financiera, 34
privacidad médica, 34
remesas, 14
reparación de crédito, 18
subastas y ventas en Internet, 5
tarjetas de crédito, 16
transferencia de hipotecas, 60
vuelos sobrevendidos, 56-57
Descargar, 44, 45
descuentos
comprar alimentos, 6
mejoras y reparaciones, 62
seguros, 39, 41
Desempleo, 26
Ley de Reconciliación del Presupuesto General Consolidado, 40
Deudas
bancarrota personal, 19
cobro de deudas, 18
Manejo de deuda, 18
Dinero. Ver también bancos; crédito; Inversiones; préstamos;
ATM, 13
autoridades bancarias estatales, 79
cheques no solicitadas, 13
cuentas corrientes, 12
cuentas de ahorro, 12
"phishing", 13
tarjetas de débito, 13
tarjetas prepagadas, 14
Directivas médicas anticipadas, 38
orden de no resucitar, 38

ÍNDICE

Directorio del consumidor, 68-80
  agencias estatales, 79
  agencias federales, 72
  para personas con discapacidades, 69
  para personal militar, 69-71
Directorio Nacional de Recursos, 70
Discapacidades. Ver personas con discapacidades
Discriminación
  Comisión de Derechos Civiles, 73
  División de Derechos Civiles, 76
  trabajo, 25
  vivienda, 58, 62
Disputas. Ver también quejas
  agentes y consejeros financieros, 30
  cargos en su tarjeta de crédito, 17
  fabricantes de autos, 80
  programas de resolución, 64
División de Derechos Civiles, 35
  Departamento de Salud y Servicios Humanos, 35,
DNR. Ver Orden de No Resucitar
Doctor,
  presentar una queja, 36
  seleccionar, 36
Documentos
  bancarrota personal, 19
  carta de queja, 67
  comprar un auto usado, 8
  consultores de inmigración, 27
  después de comprar, 5
  pasos para resolver una queja, 63
  póngase en contacto con el vendedor, 63
  reparaciones de auto, 11
Donaciones, 2
  Oficinas de Buenas Prácticas Comerciales, 79
Dun & Bradstreet Directory, 80

E

E-mail
  carta de queja, 67
  e-mail basura, 46
  Internet, 43
  optar fuera, 51
  phishing, 13
  spam, 46
  teléfonos inteligentes, 48
  testamento para los medios sociales, 53
Educación, 20
EEOC. Ver Comisión para la Igualdad de Oportunidades en el Empleo
Ejecución hipotecaria, 60
  estafas, 60
Eldercare Locator, 37-38
Electricidad,
  ahorrar energia, 23
  ayuda para pagar, 23
  comisiones de servicios públicos, 79
Embargo de vehiculos, 11
Emergencias
  crucero, 57
  inventario de casa, 69
  preparación para, 68
Empleo, 24-26
  agencias de, 24
  compañías de trabajo en casa, 24
  desempleo, 26
  discriminación, 25
  historial de crédito, 24
  Ley de Reconciliación del Presupuesto General Consolidado (COBRA), 40
  mercadeo en red, 25
  planificar para la jubilación, 31
  seguro de salud, 40
Energía
  ahorrar, 23
  ayuda para pagar, 23
EPA. Ver Agencia de Protección Ambiental
Equifax, 17
Equipaje, 56
  cargos adicionales, 55
  demoras o daños, 56
  pérdida de, 56
Estados de cuentas,
  cargos grises, 4
  robo de identidad, 33
  servicios públicos, 23-24
  verificar, 2
Estafas. Ver también fraude
  becas y asistencia financiera, 21
  cheques y ofertas de crédito no solicitadas, 13
  consejos básicos para evitar, 2
  correo, 66
  fraude por afinida, 29
  inmigración, 26-27
  miltares, 71
  ofertas de viaje, 54
  rescate de ejecución hipotecaria, 60
  reventa de tiempo compartido, 56
  títulos y escrituras, 60
Experian, 17

F

FAA. Ver Administración Federal de Aviación
Facturación de servicios públicos, 23
FAFSA. Ver solicitud gratuita de ayuda federal para estudiantes
farmacia
  medicinas con receta médica, 37
  planes de seguro médico, 41
  por Internet, 37
FCC. Ver Comisión Federal de Comunicaciones
FDA. Ver Administración de Alimentos y Medicamentos
FDIC. Ver Corporación Federal de Seguro de Depósitos
Federación de Juntas Médicas Estatales,
FEMA. Ver Agencia Federal para el Manejo de Emergencias
FHA. Ver Administración Federal de Vivienda
FICO, 17
Fondos. Ver también inversiones
  administradores de valores estatales, 79
  cheques rebotados, 13
  de bonos, 30
  índice, 30
Fraude. Ver también estafas
  afinidad, 29
  agencia de empleos, 24
  consejos básicos, 2
  denuncie el fraude, 66
  denuncie el robo de identidad, 33
  inmigración, 26
  inversión, 29
  Medicare, 38
  militares, 71
  nombres de las agencias del Gobierno, 51
  seguros, 39
FTC. Ver Comisión Federal de Comercio
Fuerzas Armadas. Ver militares
Funerales, 53
  cementerios para veteranos,
  prepago, 54
  regla de funerales, 54

G

Ganancias
  de inversión, 28
  oportunidades de negocio, 25
Garantía
  becas, 21
  carta de queja, 67
  comprar por Internet, 4
  comprar un auto usado, 8
  concesionarios y particulares, 3
  consejos generales para comprar, 2
  extendida, 2
  presentar una queja, 63
  reparaciones, auto, 11
  secretas, 10
  subastas y ventas por Internet, 5
Gas natural, 23
GSA. Ver Administración General de Servicios
Guardacostas de los EE. UU.,. Ver también militares

H

Hacia una Vivienda Más Asequible, 60
Hackers, 44
HHS. Ver Departamento de Salud y Servicios Humanos
HIPAA. Ver Ley de Responsabilidad y Transferibilidad de Seguros Médicos
Hipotecas, 59
  ejecución hipotecaria, 60
  estafas, 60
  globo, 59
  Hacia una Vivienda Más Asequible, 60
  pago inicial, 60
  para veteranos, 59
  refinanciación, 60
  revertidas, 58, 59
  seguro hipotecario privado, 60
  solo intereses, 59
  tasa ajustable, 59
  tasa fija, 59
  transferencia, 60
Historial de crédito, 13, 17
HMO. Ver organizaciones de mantenimiento de la salud
Hogar. Ver vivienda
  compras desde, 3
  reciclaje, 32

ÍNDICE

HUD Ver Departamento de Vivienda y Desarrollo Urbano.

I

Identidad, Ver robo de identidad
Idioma
    conocimientos limitados del inglés, I
    inmigración, 26
Impuestos.
    albacea, 52
    bancarrota personal, 19-20
    educación, 21
    información negativa en informe de crédito, 17
    inversiones, 28, 30
    remesas, 14
    Servicio de Impuestos Internos, 78
Información médica, privacidad, 34
    Informes especializados, 34
Información personal. Ver también privacidad; Internet; teléfonos
    conexión inalámbrica, 44
    financiera, 34
    La Ley de Protección de la Privacidad Infantil en Internet, 44
    médica, 34
    para prevenir robo de identidad, 33
    preparación para emergencia, 68
    privacidad, 34
    proteger, 33
Informes de crédito, 17
    agencias de, 17
    bancarrota personal, 17
    empleo, 24
    FICO, 17
    información inexacta o incompleta, 18
    información negativa en, 17
    informes gratuitos, 17
    Ley de Informes de Crédito Justos, 18, 34
    puntaje de crédito, 17
    robo de identidad, 33
Informes especializados sobre el consumidor, 34
InfoSIDA, 76
Inmigración, 26
    abogado de, 26
    consultores fraudulentos, 26
    descalificación lotería de visas, 27
    lotería de visas o tarjetas verdes, 27
    notarios, 65
    sitios web falsos, 27
Inquilinos
    consejos para, 62
    contratos de arrendamiento o alquiler, 62
    seguro para, 41
Instalación de servicios públicos, 23
Instituto Nacional de Alimentos y Agricultura, 74
Instituto Nacional de Salud Mental, 76
Instituto Nacional del Cáncer, 77
Institutos Nacionales de la Salud (NIH), 76
Internet,
    compras por, 4-5
    derechos de autor, 45
    descargar las canciones, 45
    e-mail, 43
    farmacias en, 37
    fraude, 45
    hackers, 44
    intercambio de archivos, 44-45
    inversión por, 28-29
    niños en, 44
    oportunidades de negocio por, 25
    proteja su privacidad, 35
    proveedor, 43
    red inalámbrica, 44
    seguridad, 45
    spam, 46
    ubastas y ventas en, 5
    teléfonos inteligentes, 48
    televisión por, 50
    testamento para los medios sociales, 53
Inventario
    de casa, 69
    propiedad de almacenamiento, 41
Inversiones, 28
    administradores de valores estatales, 79
    agentes y consejeros financieros, 29-30
    fraude por afinidad, 29
    Internet, 28-29
    jubilación, 31
    oro, 30
    productos básicos, 30-31
    tipos de inversiones, 30
IRS. Ver Servicio de Impuestos Internos

J

Junta de Apelaciones de Inmigración, 26

K

Kelley Blue Book, 8

L

Ladrones de identidad, 33
Ley de Arrendamiento del Consumidor, 10
Ley de Divulgación Justa sobre Tarjetas de Crédito y de Cargo, 16
Ley de Equidad de Vivienda, 62
Ley de Facturación Justa de Crédito, 17
Ley de Informes de Crédito Justos, 18, 34
Ley de Organizaciones de Reparación de Crédito, 18
Ley de Prácticas Justas en el Cobro de Deudas, 18
Ley de Prevención del Abuso de Quiebra y Protección al Consumidor, 19
Ley de Protección de la Privacidad Infantil en Internet, 44
Ley de Reconciliación del Presupuesto General Consolidado (COBRA), 40
Ley de Responsabilidad y Transferibilidad de Seguros Médicos (HIPAA), 34
Ley de Veracidad en Préstamos, 20
"Ley limón", autos, 11
Ley del Cuidado de Salud a Bajo Precio, 36, 40
Ley para Estadounidenses con Discapacidades (ADA), 75
Licenciado.
    abogado, 65
    farmacéutico, 37
Línea Directa
    de Autos BBB, 80
    de Fraude de HHS, 76
    de Información sobre Carnes y Aves, 74
    de Seguridad Vehicular, 80
Línea Nacional de Niños Fugitivos, 76
llamadas con mensajes pregrabados, 51
llamadas de ventas, 51
Localizador de Cuidados de Personas Mayores, 36
Lotería de visas de diversificación, 27
Tarjetas verdes, 27

M

Mediación, 64
    fabricants de autos, 80
    Oficina de Buenas Prácticas Comerciales, 79
Medicaid, 40, 75
Medicamentos con receta médica, 37
    Administración de Alimentos y Medicamentos, 37
    cobertura de Medicare, 37
    planes de seguro médico, 41
    riesgo de seguridad, 37
Medicare, 40
    atención médica a largo plazo, 42
    beneficiarios, 40-41
    institución de cuidado médico, 36
    medicinas con receta médica, 37
Médico. Ver doctor.
Medio ambiente, 31
    compras ecológicas 32
    programa ENERGY STAR®, 32
    reciclaje, 32
Mejoras y reparaciones del hogar, 61
Mensajes de texto, 48
    spam, 50
Mercadeo en red, 25
Militares,
    cementerios para veteranos, 54
    centros familiares, 69
    comisariatos, 70
    fraudes contra, 71
    Línea Militar de la Oficina de Buenas Prácticas Comerciales, 70
    préstamo para veteranos, 59
    recursos para, 70
Moody's Investors Services, 28

N

NHTSA. Ver Administración Nacional de Seguridad del Tráfico en las Carreteras
NIH. Ver Institutos Nacionales de la Salud
Niños
    Administración de Asuntos de Niños y Familias, 76
    Centro de Información sobre el Bienestar de Menores, 76
    Línea Nacional de Niños Fugitivos, 76
    seguridad en Internet, 44
    seguro de salud, 41
Notarios, 65
Número de identificación personal. Ver PIN
Nutrición. Ver alimentos
    al elegir alimentos saludables, 6
    recursos, 6

O

Ofertas
    de arrendamiento un vehículo
    de crédito, 13
    optar fuera, 51
    préstamos, 20
    remesas, 14
    tarjeta de crédito, 16

ÍNDICE

no solicitadas, 13, 33
Oficina de Asuntos Familiares de la Fuerza Aérea, 69
Oficina de Ayuda Federal para Estudiantes, 75
Oficina de Buenas Prácticas Comerciales, 79
  BBBOnline, 80
    Línea Directa de Autos, 80
    línes militar, 70
    presentar una queja, 64
Oficina de Derechos Civiles.
  Departamento de Educación, 74
Oficina de Educación y Asistencia a los Inversionistas, 73
Oficina de Equidad de Vivienda e Igualdad de Oportunidades, 58, 78
Oficina del Contralor de la Moneda, 14, 78
Oficina para la Protección Financiera del Consumidor, 78, 80
Orden de No Resucitar (DNR), 38
Ordenador. Ver computadora
Organizaciones de mantenimiento de la salud (HMO), 41
Organizaciones de proveedores preferidos (PPO), 41
OSHA. Ver Administración de Seguridad y Salud Ocupacional del Departamento del Trabajo

P

Pérdida de equipaje, 56
Período de reflexión, 4
Personal militar. Ver militares
Personas con discapacidades, 69
  bibliotecas, 69
  Ley para Estadounidenses con Discapacidades, 75
    retransmisión para consumidores con dificultades de audición, 69
  vivienda, 69
Phishing, 13
PIN, 13
  proteger, 33
Planes de ahorro, 20
  para la jubilación, 31
  planes 529, 20
Planes para final de vida.
  albacea, 52
  beneficiarios, 52
  cementerios para veteranos, 54
  directivas médicas anticipadas, 38
  funerales, 53
  Orden de No Resucitar (DNR), 38
  seguro de vida, 42
  testamento para los medios sociales, 53
  testamentos, 52
Planes telefónicos,
  plan actualización temprana del celular, 47
  planes prepagados, 49
  telefonía celular, 47
PPO. Ver organizaciones de proveedores preferidos
Precios dinámicos, 3
Preparación para emergencias, 68
Préstamos, 20
  a plazos, 20
  estafas, 13
  hipotecas, 59
  para comprar un auto, 9
  para la universidad, 21
  prestamista, 11, 20
  refinanciación hipotecaria, 60
  valor acumulado de la vivienda, 20
Privacidad,
  financiera, 34
  información personal, 33
  informes especializados sobre el consumidor, 34
  Internet, 35
  Ley de Protección de la Privacidad Infantil en Internet, 44
  Ley de Responsabilidad y Transferibilidad de Seguros Médicos, 34
  médica, 34
Productos básicos, 30
Productos retirados del mercado, 3
Profesional financiero, 29
Programa de Asistencia para Consumidores de Servicios Fúnebres, 54
Programa de Cupones para Alimentos, 6
Programa de Fiduciarios, 19
Programas de resolución de disputas, 64
  Buenas Prácticas Comerciales, 79
  industria automotriz, 80
Programa ENERGY STAR®, 32
Programa Hacia una Vivienda Más Asequible, 60
Programas
  antivirus, 33, 45, 46
  antiespías, 35, 46
  bloquear e-mail basura, 46
  maliciosos, 35, 49
Propiedad de almacenamiento, 41
Propiedades de tiempo compartido, 56
Proteja su identidad, 33
  phishing, 13
  robo de identidad, 33
Proveedores de servicio de Internet, 43
Puntaje de crédito, 17
  FICO, 17

Q

Quejas.
  administradores de valores estatales, 79
  agencia de crédito, 16
  agentes y consejeros financieros, 29, 30
  asociaciones gremiales, 80
  autoridades bancarias estatales, 79
  carta de, 67
  comisiones de servicios públicos, 79
  con su banco, 14
  contactos corporativos, 80
  fabricantes de autos, 80
  fraude y riesgos de seguridad, 66
  oficinas de Buenas Prácticas Comerciales, 79
  oficinas de protección al consumidor, 79
  cómo presentar, 63
  reguladores estatales de seguros, 79
  servicios médicos, 36
  sobre autos, 80
  tarjeta de crédito, 16

R

Receta médica, 37
Reciclaje, 32
Refinanciamiento, 60
Registro Nacional "No llame", 50
Regla de Funerales, 54
Remesas, 14
Reparación de crédito, 18
  Ley de Organizaciones de Reparación de Crédito, 18
Reparaciones
  de auto, 11
  de crédito, 18
  del hogar, 61
Reporte de crédito. Ver informes de crédito
Reserva Federal, 78
  resolución de problemas con su banco, 14
Resolución de disputas, 64
Retiro del mercado, 3
Retransmisión, para consumidores con dificultades de audición, 69
Reutilización, 32
Robo de identidad, 33
  Declaración Jurada de, 33
  denunciar, 33
  médica, 38
  prevenir, 33
  seguro contra robo de, 43

S

Salud, 35
  denuncie los riesgos de seguridad, 66
  directivas médicas anticipadas, 38
  farmacia, 37
  fraude de Medicare, 38
  hospitales, 36
  farmacia, 37
  Ley de Cuidado de Salud a Bajo Precio, 40
  Medicaid, 40
  Medicare, 40
  medicinas con receta médica, 37
  Orden de No Resucitar (DNR), 38
  organizaciones de mantenimiento de la salud (HMO), 41
  organizaciones de proveedores preferidos (PPO), 41
  privacidad médica, 34
  quejas sobre los servicios médicos, 36
  Robo de identidad médica, 38
  seguro de salud, 40
  seleccionar institución de cuidado médico, 36
  seleccionar un doctor, 36
  viajar, 58
Satélite, 49
SBA. Ver Agencia Federal para el Desarrollo de la Pequeña Empresa
SEC. Ver Comisión de Bolsa y Valores
Seguridad
  alimentos, 6
  autos, 9
  denunciar riesgos de, 66
  Internet, 45
  productos retirados del mercado, 3
  viajes, 58
Seguros,
  colectivo, 40
  contra el robo de identidad, 43

ÍNDICE

de atención médica a largo plazo, 42
de atención médica internacional, 43
de autos, 39
de crédito, 8
de incapacidad laboral, 40
de responsabilidad, 43
de viaje, 43
de vida, 42
de vivienda, 41
descuentos, 39
estafas de seguro médico, 37
Ley de Reconciliación del Presupuesto General Consolidado (COBRA), 40
Medicaid, 40
Medicare, 40
médico, 41
muerte accidental, 43
Organizaciones de mantenimiento de la salud, 41
Organizaciones de proveedores preferidos, 41
para propietarios de vivienda e inquilinos, 41
paraguas, 43
planes de atención médica, 41
preparación para emergencias
regoladores estatales,
robo de identidad, 43
Servicio de Alimentos y Nutrición, 6, 74
Servicio de Ciudadanía e Inmigración de los EE. UU., 25, 26, 77
Servicio de Impuestos Internos (IRS), 18, 22, 78
Servicio Federal de Retransmisión, 69, 72
Servicio Nacional de Bibliotecas para Ciegos y Personas con Discapacidades Físicas, 69
Servicio Postal de los EE. UU., 50, 66, 78
Servicio telefónico. Ver teléfonos
Servicio TTY, 69
Servicios Comunitarios del Cuerpo de Marines, 69
Servicios de asesoramiento, 19
Servicios de retransmisión, 69
Servicios públicos, 23, 32
    agua, 23
    arrendamiento o alquiler, 62
    comisiones estatales de, 79
    electricidad, 23
    facturación, 23
    gas natural, 23
    instalación, 23
    reciclaje, 32
    servicio telefónico, 47
Sida, 76
Slamming, 47
Sobregiros, 13
Solicitud gratuita de ayuda federal para estudiantes, 21
Software. Ver programas
Spam
    e-mail, 37, 43, 46
    mensajes de texto, 50
    phishing, 13
SSA. Ver Administración del Seguro Social
Standard & Poor's Register of Corporations, 28
Standard Directory of Advertisers, 80
Subastas en Internet, 5

T

Tarjetas de crédito, 15
    cargos por financiamiento, 16
    disputar cargos, 17
    interés anual, 16
    Ley de Divulgación Justa sobre Tarjetas de Crédito y de Cargo, 16
    Ley de Facturación Justa de Crédito, 17
    Ley de Responsabilidad y Transparencia de las Tarjetas de Crédito,
    monto congelado, 55
    ofertas no solicitadas de crédito, 50
    perdida, 18
    período de gracia, 16
    preparación para emergencias, 68
    quejas, 16
    recargos, 15
    rechazada por error, 16
    robada, 18
    tasa de interés anual (APR), 16
Tarjetas de débito o ATM, 13
    perdido, 48
    PIN, 13
    preparación para emergencias, 68
Tarjetas verdes. Ver lotería de visas de diversificación
Telefono celular
    billetera, 49
    pérdida o robo, 48
    plan actualización temprana del celular, 47
Teléfonos,
    cambios y cargos ilegales, 47
    compañía telefónica, 46, 47, 48
    celulares, 47
    pierde o le roban el celular, 48
    plan actualización temprana del celular, 47
    planes prepagados, 49
    retransmisión para consumidores con dificultades de audición, 69
    servicio TTY, 69
    teléfonos inteligentes, 48
Teléfonos inteligentes, 48
Telemercadeo,
    estafas, 51
    llamadas con mensajes pregrabados, 51
    llamadas de ventas, 51
    mensajes de texto, 50
    Registro Nacional "No llame", 50
    spam, 46
Televisión. Ver TV
Testamento de vida. Ver directivas médicas anticipadas
testamentos para los medios sociales, 53
Testamentos, 52
    albacea, 52
    validación, 52
    beneficiarios, 52
    consejos para redactar, 52
    medios sociales, 53
ThomasNet, 80
tiempo compartido, 56
Trabajadores. Ver empleados
Trabajo. Ver empleo
Transferencias de persona a persona, 12
TransUnion, 17

Tribunal de demandas menores, 64
Trituradora de papel, 2
TTY, 69
TSA. Ver Administración de Seguridad en el Transporte
TV, 49

U

USDA. Ver Departamento de Agricultura

V

VA. Ver Departamento de Asuntos de los Veteranos
Valores de tesoro. Ver inversiones
Vehículos. Ver autos
Ventas en Internet, 5
Veteranos,
    cementerios para, 54
    Departamento de Asuntos de los Veteranos, 74
    préstamo para, 59
Viajes, 54
    cargos adicionales de las aerolíneas, 55
    cruceros, 56
    demoras en la pista de aterrizaje, 57
    División de Protección al Consumidor en la Aviación, 77
    equipaje, 56
    seguridad, 58
    seguro de, 43
    tiempo compartido, 56
    vuelos demorados y cancelados, 55
    vuelos sobrevendidos, 56
Visas, lotería de, 27
Vivienda,
    agencias aprobadas para evitar la ejecución hipotecaria, 60
    compañías de mudanza, 61
    comprar, 58
    ejecución hipotecaria, 60
    Hacia una Vivienda Más Asequible, 60
    hipotecas, 59
    inquilinos, 62
    inventario de casa, 69
    mejoras y reparaciones del hogar, 61
    refinación hiptecaria, 60
    seguro de, 41
Vuelos
    demorados y cancelados, 55
    sobrevendidos, 56

W

WaterSense, 23

Toda la información que aparece en la Guía del Consumidor está a su disposición en GobiernoUSA.gov, incluyendo la versión en formato PDF y el formulario para ordenar copias individuales de la guía por Internet. También puede hacer su orden por correo enviando una solicitud a Guía del Consumidor, Federal Citizen Information Center, Pueblo, CO 81009. Si desea poner su nombre en la lista para recibir la próxima edición de la Guía del Consumidor, mande su solicitud a esa misma dirección.

Pedimos su colaboración para mantener esta guía actualizada. Por favor comunique cualquier cambio por e-mail a action.handbook@gsa.gov.

Administración General de Servicios de los EE. UU.
Oficina de Servicios para el Público y Nuevas Tecnologías
Centro Federal de Información para el Público
1800 F Street, NW
Washington, DC 20405
GobiernoUSA.gov
Julio 2014

www.ingramcontent.com/pod-product-compliance
Lightning Source LLC
Chambersburg PA
CBHW081206180526
45170CB00006B/2233